KB068062

와이스웨덴

•• 본 도서는 부부인 두 지은이가 번갈아 이야기를 나누듯 쓴 에세이이며,
두 사람의 글은 각각 노란색(조수영), 하늘색(이성원)으로 구분해두었다.

헤이 스웨덴

HEJ SWEDEN

이성원 × 조수용

지콜론북

CONTENTS

PART C │ VIEW

일상에서 만나는 스웨덴다움

속도가 다른 우리,

스웨덴에서 보내는 가장 보통의 시간

우리는 부부다. 하지만 직업도, 취향도, 삶의 속도도 모두 다르다. 그런 우리가 결혼하고 스웨덴에서 살게 됐다. 앞으로 어떻게 살아가야 할지 고민하고 주변을 둘러보는, 잠시 쉬어가는 쉼표 같은 시간이었다.

나는 지금 스웨덴에서 '가장 보통의 속도'로 살아가고 있다. 한국에서는 늘 바쁘고 숨 가쁘게 살았다. 그때는 내 속도가 빠른지도 몰랐다. 항상 무언가를 하면서 시간을 꽉 채워 써야 한다고 생각했다. 뒤처지면 안 된다는, 누구도 강요하지 않은 강박에 사로잡혀 있었다. 지금도 그런 강박에서 완전히 벗어났다고 말할 자신은 없다. 단지 모두가 천천히 가고 있는 이곳에서 나는 나만의 적절한, 보통의 속도를 찾아가고 있다.

스웨덴이 특별하다고 생각하지는 않는다. 어떨 때는 이곳 사람들은 어떻게 이렇게 단조로운 삶을 살 수 있을까 싶어 내심 놀랐다. 하지만 길고 어두운 스웨덴의 겨울이 지나고, 봄이 찾아와 햇살 아래에서 가장 행복한 얼굴로 누워 있는 사람들을 보면 나도 모르게 덩달아 기분이 좋아졌다. 소소하지만 확실한 행복, 이 행복을 품고 사는 사람들과 함께 지내다 보니 무엇이 더 특별한지 아닌지를 구분 짓는 것은 무의미하다는 걸 알게 됐다. 행복을 찾아야 한다는 강박을 가지고 사는 사람이 오히려 우울해한다고 하던데, 그저 보통의 날들, 보통의 즐거움이 삶에 활력을 준다는 것을 이제야 조금씩 알아가고 있다.

스웨덴 생활에서 지루해 죽을 것 같았던 날도, 새로울 것 없는 음식들에 입맛을 잃은 적도, 뜨지 않는 해를 기다리며 우울감에 빠졌던 때도 있었다. 사람 사는 것이 다 비슷하다고 느낀 일도, 반대로 어쩜 이렇게 다를까 생각이 드는 경우도 있었다. 그러나 이곳에서의 다양한 경험을 통해 매일 나를 되돌아보고 생각하고 또 배울 수 있었다. 이곳에서 우리 부부가 어떻게 맞춰나가고, 또 더 나은 삶을 살 수 있을지 함께 고민하는 동안 얻은 것들이 참 많다. 이 책은 우리 부부가 스웨덴 사람들과 이 사회를 바라보며, 또 그 안에서 하루하루를 살아가며 느낀 소소한 것들에 대한 이야기이자 우리 삶의 새로운 방향으로 삼고 싶은 것들에 대한 기록이 될 것이다.

조수영

따로 또 같이,
각자의 시선으로 바라본 스웨덴

우리는 부부다. 아내는 방송국에서 PD로 일했고 나는 초등학교 교사로 근무하고 있다. 뭔가 조화로운 듯 독특한 조합의 우리는 오랜 연애 끝에 결혼했고 몇 달 뒤, 함께 스웨덴으로 떠났다. 아내가 다니던 회사를 그만두고 스웨덴으로 유학을 결심했기 때문이다. 나는? 고민이 없었던 건 아니지만 부인과 함께 스웨덴에 가기로 마음먹고 과감히 휴직했다.

유학을 준비하는 과정은 복잡했다. 그동안 해외여행 경험이 몇 번 있으니 짐 싸는 건 다 거기서 거기라고 생각했지만 숟가락 하나부터 담요 한 장, 베개까지 챙겨야 할 것이 은근히 많았다. 짐은 계속 늘어났고 결국 우리 몸보다 큰 이민 가방을 겨우겨우 끌면서 스웨덴의 룬드라는 작은 도시에 도착했다. 긴 신혼여행이 시작된 것이다.

스웨덴 생활은 익숙한 것들에서 벗어나, 낯선 땅에서 적응하며 '살게 된' 최초의 순간이었다. 서울에서 쉽게 볼 수 있었던 화려한 건물과 높은 아파트는 북유럽 특유의 간결하고 단조로운 건물들로 바뀌었고 나와 비슷한 생김새, 같은 말을 쓰던 한국 사람들은 외모도 언어도 낯선 스웨덴 사람들로 바뀌었다. 한국에 있을 때는 그들이 '외국인'이었는데, 스웨덴에서는 내가 '외국인'이 되면서 그들의 마음을 이해하기도 했다.

지금껏 접해보지 못했던 풍경과 사람 그리고 생각들 때문에 때로 혼란스럽기도 했다. 한국에 살 때는 당연하고 익숙하게 받아들였던 것들이 스웨덴에선 종종 당연하지 않았다. 낯설고 새로운 날들이 매일 이어졌고 스웨덴 생활을 하면서 아내와 나는 정말 많은 이야기를 나눴다. 지속 가능성, 평등, 스웨덴 사람들에 관한 이야기까지… 따뜻한 커피를 앞에 두고 스웨덴 사람들이 흔히 말하는 여유로운 시간, 즉 피카fika를 하면서 스웨덴에서 보고 들은 것들을 주제 삼아 대화했다.

대학원에 다니는 아내와 일상생활에서 스웨덴을 보고 듣고 겪은 나는 때로는 비슷하고 때로는 다르게 스웨덴 사회를 바라봤다. 우리 두 사람이 각자의 시선으로 바라본 스웨덴 사회, 한국과 다른 그들의 모습은 우리에게 흥미로운 이야깃거리를 넘어 새롭고 신선한 자극이 되었다. 우리의 이야기를 읽는 사람들에게도 같은 마음이 전해졌으면 좋겠다.

이성원

뜻밖에 내 마음속으로
들어온 스웨덴

전직 방송 PD 조수영이
스웨덴을 선택한 이유

2008년, 나는 교환학생으로 처음 스웨덴에 왔다. 당시 스웨덴은 미지의 세계 그 자체였다. 성평등, 복지 등 대부분 사람들이 스웨덴에 대해 자연스레 떠올릴 단어조차 내게는 생소할 정도였다. 나라 이름부터 어색한 먼 북쪽 땅에 내가 언제 한 번 살아보겠느냐 했던 것이 당시 내가 스웨덴에 온 유일한 이유였다. 유럽 자체가 처음이었던 내게 스웨덴은 교환학생이란 기회가 없다면 여행조차 가볼 일 없는 나라였다.

그런 생각을 품고 준비 없이 온 스웨덴. 스웨덴에서 살아가는 날보다 유럽 이곳저곳을 유랑하던 날들이 더 많았다. 교환학생 생활이 끝나고 나서는 한국에 돌아가 주변 친구들에게, 구직 자기소개서에 스웨덴 전문가인 양 떠들어대기도 했다. 그러나 부끄럽게도 나는 진짜 스웨덴을 전혀 모르고 있었다.

스웨덴은 좀 춥고 어두운 나라였지, 하는 어렴풋하고 오래된 기억으로 스쳐 지나갈 수도 있었지만 시간을 이기는 것은 인연이었다. 내게는 바쁘게 사는 와중에도 틈틈이 스웨덴을 잊지 않게 해준 친구들이 있었다. 교환학생 때 기숙사 같은 층에 살며 친해진 친구 오스카는 가장 오래된 스웨덴 친구였다. 나는 '몸에서 멀어지면 마음에서도 멀어진다'는 말을 굳게 믿었다. 외국에서 사귄 친구들과의 인연도 한국에 돌아오는 순간 지속될 수는 없을 것이라 생각했다. 하지만 오스카는 이런 내 믿음을 보기 좋게 깨어준 친구다. 철마다 잘 지내고 있는지 안부를 물어오고 크리스마스처럼 특별한 날에는 먼 한국까지 선물을 보내주었으며 한국으로 여행 와서 나의 가족들과 함께 시간을 보내기도 했다. 지금도 엄마는 가끔 오스카의 안부를 묻는다. 유럽에 가본 적 없는 엄마에게 스웨덴이란 나라는 딸의 착한 친구 오스카의 고향으로 기억되는 것 같았다.

이제는 각자 바쁜 시간을 보내고 있는 스웨덴에서의 소중한 친구들, 스웨덴의 추위와 어둠을 함께 이겨낸 한국 언니, 오빠 그리고 친구들과의 추억은 언제든 나의 기억을 스웨덴으로 다시 소환했고 추억을 곱씹게 했다. 이렇게 첫 스웨덴은 내게 있어 장소로 기억되기보다 사람으로 기억되는 곳이었다.

달려왔던 삶을 조금 내려놓고 천천히 걷고 싶었다

교환학생을 마친 후 대학생에서 취업준비생으로, 인턴으로, 또 직장인으로, 유부녀로 상황이 바뀌며 나는 끊임없이 뭔가를 시도했고 또 좌절했다. 졸업만 하면, 취업만 하면, 퇴사만 하면… 그렇게 나는 현재보다 미래를 생각하고 견디며 살아왔던 것 같다.

거기엔 주변의 영향도 있었지만, 내 자신의 문제도 컸다. 당장 지금을 충실히 살아가는 것이 미래를 위하는 일이 될 수 있다는 사실, 머리로는 알면서도 한 번도 그렇게 살아본 적이 없었다. 그렇게 살다 보니 사람들이 말하는 좋은 '스펙'이 만들어졌고 내 삶의 성실한 '증명'이 되었다. 하지만 한참을 지나고 돌아보니, 그 좋은 스펙 안에 진짜 내가 있었나 싶은 생각이 들었다. 뭔가를 끊임없이 열심히 했던 것 같은데 한 줄 한 줄의 경력을 되새겨보면 '거기서 내가 뭘 했더라?' 하는 것은 전혀 떠오르지가 않았다. 스펙은 각각의 자기소개서 안에서 매번 전혀 다르게 묘사됐고 전혀 다른 감동을 지어내고 있을 뿐이었다.

내가 하고 싶은 일을 하면 '쫓기는 기분으로 살지는 않겠지' 하는 기대를 했다. 언론사 PD 시험을 준비하며 이 일은 아무리 힘들어도 즐겁게 할 수 있을 거라 믿었다. 야근이 잦고 밤샘도 많다는 것을 이미 알았기 때문에 마음의 준비가 충분히 되어 있다고 생각했다. '잠 좀 덜 자고 주말에 일하는 게 그리 억울해할 일은 아니다' 하는 마음도 들었다. 그러나 몸이 피곤하고 친구를 못 만나는 것보다도 온전히 나를 위해 쓸 수 있는 시간이 없다는 게 얼마나 힘든 일인지 깨닫는 데는 오랜 시간이 걸리지 않았다.

매주 촌각을 다투는 방송 시간을 맞추는 데 모든 감각을 썼다. 촬영하고 편집하는 3, 4일간은 쪽잠을 자야 했다. 채워지는 건 없고 내 안의 모든 것이 빠져나간다는 느낌을 받았다. 휴직이나 이직하는 길도 있었다. 하지만 회사 생활에 지친 나는 새로운 공부를 시작하고 싶다는 마음이 생겼다. 친한 선배들은 4년이나 견뎠는데 아깝지 않느냐고, 조금만 더 버텨보라고 말했다. 새로운 꿈을 꿀 게 아니라 쌓아놓은 것을 잘 이용해 살아가는 게 현명한 것이라는 조언이었다. 내가 좋아하는 사람들의 진심 어린 말은 외면하기 힘들기도 했다.

어차피 내 인생, 내 선택

중요한 건 결국 내 자신의 판단이고 결정이었다. 그간 가장 두려웠던 점은 월급이 나오는 안정적인 생활을 그만두면 후회할 것 같은 마음이었다. 내가 진짜 원하는 일을 하며 살아갈 수 있을까에 대한 걱정도 있었다. 퇴사 후에 하고 싶은 공부가 분명했지만 그 길에 들어설 용기를 내는 것이 어려웠다. 소속 없는 삶을 감당할 마음의 준비와 달려나갈 트랙이 확실하게 보이지 않는 선택을 하는 데만 해도 몇 년이 걸렸다.

그럴 때마다 나의 용기를 다시 북돋아준 사람이 바로 남편이었다. 당시 남자친구였던 지금의 남편은 대학 때부터 나를 봐왔다. 나와 전혀 다른 성격에 교사라는 공통분모 없는 직업을 가진 남편은 '달랐기에' 내 고민을 솔직하게 털어놓을 수 있는 가장 좋은 상대였다. 남편은 항상 삶에 있어 가장 중요한 것이 자신의 선택이라는 것을 상기시켜 주었다. 어떤 방향을 제시해 주기보다는 내가 다른 사람들의 말이나 시선들 때문에 스스로 결정을 접거나 포기하지 않도록 다독여 주었다. 때로는 남편이나 주변의 누군가가 내 고민에 대한 답을 명쾌하게 말해주길 바란 적도 많았다. 남편은 다른 사람이 조언하는 대로 따라간다면 후회할 것이라 말했다. 가끔 그런 남편이 냉정하게 느껴질 때도 있었다. 하지만 지금 생각해보면 결국 내 스스로 선택했기에 고민했던 퇴사도 미련이 없었고, 현재의 삶에도 후회가 없는 것 같다.

다시, 스웨덴

스웨덴 유학을 결정한 것은 어릴 적 다녀왔던 스웨덴에 대한 그리움 때문만은 아니었다. 나는 환경 분야를 깊이 있게 공부하고 싶었다. 처음엔 미국, 영국, 덴마크, 독일 등 여러 나라를 막연하게 떠올렸다. 하지만 이번에는 전보다 훨씬 더 신중해야 했다. 그 나라가 좋다더라, 이 학교가 유명하다, 유명한 교수가 있다, 하는 기준보다 내가 어떤 방향으로 어떤 공부를 하고 싶은지를 고민했다. 그리고 장학금이라는 경제적 요건, '우리 부부가 함께 살기에 좋은 곳은 어디일까?'에 대한 현실적인 고민들을 더했다. 그렇게 해서 내린 결론이 스웨덴이었다. 교환학생으로 처음 스웨덴에 왔을 때에 비하면 정말 많은 고민과 계산을 거쳐 스웨덴 행을 결정한 것이었다.

뭔가를 더 열심히, 더 빨리 해야 한다는 압박감이 하루아침에 떨쳐지진 않았다. 한국에서 숱하게 '경쟁'해온 몸으로써 처음 공부하는 환경 전공에서 내가 우수한 학생이 될 수 있을까 많이 걱정했다. 어렵게 선택한 만큼 새로운 도전의 패배자로 남고 싶지 않다는 생각도 컸다. 그런데 스웨덴 대학 교육 방식은 완전히 달랐다. 스웨덴에서는 경쟁이 아닌 '협력'을 했다. 어떨 때는 좀 심하다 싶을 정도로 협업과 합의를 강조했다. 이런 분위기 속에서 공부하다 보니 나 역시 누구를 이겨야겠다는 생각을 바꾸게 되었다. 끊임없이 대화하면서 서로를 이해시키는 공부 방식이 매우 낯설고 힘들긴 했다. 내 생각을 다른 사람에게 설명하기 전에 나 자신을 먼저 설득시켜야 했던 점이 특히 어려웠지만 이것은 내가 왜 공부하는지 방향성을 뚜렷하게 잡게 된 계기가 되었다. 스웨덴에 다시 온 후로 나 자신이 조금씩 변하고 있음을 느꼈다.

지속 가능성에 대하여

스웨덴 사회에 섞여 살다 보니 내 전공인 환경적 지속 가능성을 넘어 '지속 가능한 사회'에 자연스레 관심을 두게 되었다. 우리는 흔히 한국 사회와 노동 환경이 지속 가능하지 않다고 이야기한다. 나도 사회 생활을 하면서 혼자만으로는 극복할 수 없는 구조적인 한계점을 느꼈다. 사회의 부속품, 기업의 소모품이 된 것 같은 느낌을 많이 받았다. 뭔가 바꿀 수는 없을까 고민해봐도 쉬이 답을 찾지 못했다. 친구들과 만날 때마다 모두 '이건 아니다'라고 외쳤지만 이게 아니라면 무엇이 대안이 될 수 있을지에 대해서는 누구 하나 자신 있게 말하지 못했다.

나는 스웨덴에 살면서 이곳을 관찰하고 이곳 사람들에게 끊임없이 질문을 던졌다. 스웨덴은 우리와 무엇이 다른지, 지속 가능한 사회를 만들기 위해 어떤 노력을 하고 있는지. 스웨덴이라고 해서 확실한 정답을 가지고 있다고 생각하지는 않는다. 다만 내가 알고, 믿었던 것과 다른 생각을 품고 있는 스웨덴을 마주하고 스웨덴 사람들과 나눴던 이야기들을 공유하고 싶었다. 많은 사람이 궁금해하는 스웨덴의 여러 면에 대해 허심탄회하게 대화하는 것만으로도 가치가 있는 일일 테니 말이다.

초등학교 교사 이성원이
스웨덴을 선택한 이유

우리 부부는 2016년 5월에 결혼했다. 그리고 석 달 뒤인 2016년 8월, 스웨덴으로 떠났다. 스웨덴 룬드대학교에서 환경 석사 공부를 시작하게 된 아내와 함께 내 첫 유럽 생활을 시작하게 된 것이다. 아내는 대학생 시절에 스웨덴으로 교환학생을 한 번 갔다 온 경험이 있어서 스웨덴을 낯설어 하지 않았다. 나는 교환학생도 어학연수 경험도 없었기 때문에 해외에서 장기적으로 생활하는 것 자체가 설렘과 기대로 다가왔다.

떠나기 전엔 기대와 설렘만큼이나 많은 고민과 물음이 있었다. 대학원에서 환경 분야를 공부하겠다는 뚜렷한 목표를 정하고 온 아내와 달리 나는 아무것도 정한 게 없었다. 아내의 유학 동안 나도 스웨덴 대학원에서 공부를 하면 좋았을 테지만 깊이 생각해 본 적이 없었다. 한국에서 초등학교 교사로 근무하며 학교와 학생들, 교육이라는 한 가지 분야만 생각하고 지냈기 때문이었다. 아내의 대학원 합격 소식을 듣고 뒤늦게 유학 준비를 했지만 너무 급하게 준비하는 바람에 나는 대학원 지원을 할 수 없었다.

출국 날짜는 점점 다가왔다. 고등학교 졸업 이후로 영어 공부를 안 한 터라 영어실력도 초급 수준이었고 스웨덴어는 평생 들어본 적도 없었다. 말도 안 통하고 문화조차 생소한 스웨덴에서 잘 살 수 있을까? 걱정이 점점 커졌다. 내 속을 아는지 모르는지 친구들은 그저 나를 부러운 눈길로 바라봤고 다른 지인들은 "2년 동안 너는 거기서 딱히 할 수 있는 것도 없을 텐데 그냥 한국에서 돈 벌면서 아내 유학 생활 뒷바라지하는 건 어때?"라며 조언과 충고를 해주기도 했다.

이런저런 말들이 오갔지만 나의 결정은 '아내와 함께하는 스웨덴에서의 생활'이었다. 스웨덴 생활이 곧 신혼 생활이기도 했으니까. 다행스럽게 우리는 스웨덴에서 평화롭고 조화로운 삶을 꾸려갔다. 아내는 대학에 다니며 공부에 매진했고 나는 '콤북스KOMVUX(스웨덴의 성인교육기관)'에 다니며 스웨덴어를 배우고 각종 집안일을 하는 동시에 우리 부부의 스웨덴 생활에 대한 글을 쓰면서 일상을 보냈다.

스웨덴으로 같이 갈 것인지 한국에 있을 것인지를 고민할 때, 눈에 보이는 목표보다는 내적인 목표에 집중하기로 했었다. 내면을 살찌우고 우리 부부를 성장시킬 수 있는 것들. 비록 명확한 성과가 보이지 않아 다른 사람들의 눈에 왜 간 걸까 싶을 수도 있겠지만 아무렴 어떠한가. 이곳에 오기 전까지는 나의 스웨덴 행에 대한 이유를 설명하는 게 조금은 부끄럽기도 하고 말로 풀어내기도 힘들었다. 그래서 지인들이 왜 스웨덴에 가게 되었는지 물어보면 자세히 이야기하지 못했다. 이제야 잘 정리해볼 수 있는, 스웨덴행에 대한 이유는 몇 가지가 있다.

열심히 최선을 다한 사람에게는 너무 팍팍한 현실

스웨덴에 살며 많은 한국인 유학생들을 만났다. 그들 대부분이 입을 모아 이곳에서 직장을 구해 새로운 출발을 하고 싶다고 했다. 우리가 너무나도 잘 아는 것처럼 한국의 팍팍한 현실과 부조리함 때문이었다. 나의 경우도 그랬다. 내가 10여 년 전에 겪었던 입시 경쟁이 지금도 변함없이 이어지고 있다. 사람들이 꿈에 대해 고민할 시간이 없다. 대학 졸업, 취업만 한다고 끝나는 것도 아니다. 회사에서는 장시간 노동과 야근, 수직적인 조직문화가 있다. '적당한' 때가 되어 결혼으로 가정을 꾸리고 아이를 낳으면 더욱 지친다. 양육에 친화적이지 않은 한국의 보육 정책, 육아휴직을 쓰기 어려운 기업 문화, 가정의 경제적 부담, 경력이 단절되는 엄마들…. 세상은 편리한 방향으로 빠르게 변해가지만 어쩐지 우리의 삶은 점점 팍팍해지는 것 같다.

교사로서 매일 학생들을 마주하고 가르치면서도, 한국에서 아이를 낳아 키우는 것이 두렵다는 주변 사람들의 이야기에 점점 공감하게 되었다. 더디게 발전하는 한국 정치의 모습에도 좌절을 느꼈다. 저출산, 비정규직, 노인 빈곤, 복지 부족 등 같은 레퍼토리의 뉴스를 듣는 것도 지겨웠다. 우리들은 자신의 자리에서 매일 열심히 공부하고 최선을 다해 일하고 있는데 이런 문제를 개인의 노력 부족으로 결론 내리는 사회적 인식도 답답했다.

스웨덴에 오기 전 유럽과 미국, 호주 등을 여행했다. 그때마다 외국 도시들과 우리나라 도시의 모습이 크게 다르지 않다는 걸 알게 되었다. 이러니저러니 해도 '우리가 나름 잘사는 축에 속하는구나' 싶어 내심 으쓱했다. 그런데 자세히 들여다보면 사회의 내면은 겉모습을 따라가지 못하는 것 같았다. 연봉과 집 평수, 소유한 자동차가 안부 인사였고 그걸로 사람을 판단하는 모습을 너무 많이 봤다. 그런 이야기들에 지칠 즈음, 스웨덴에 살면서 온전히 내 시간을 누리게 되어서 너무 기뻤다. 스웨덴에 살며 내가 진정 무엇을 원하는지 돌아보기로 했다. 우리 부부가 함께 내면의 가치들을 가꿔 나가면서 행복한 삶에 대한 기준을 정하고 싶었다.

초등학교 교사의 일상 너머에는 무엇이 있을까

초등학교 교사의 일상은 대체로 규칙적이다. 3월에 새 학기가 시작되므로 모든 일정이 3월을 기준으로 시작된다. 3월, 학생들과의 첫 만남은 언제나 바쁘고 정신없다. 새 학기의 설렘이 잦아드는 5월에는 체육대회, 가정의 달 행사들이 있다. 그리고 날씨가 더워지면서 여름방학 시즌이 온다. 2학기는 1학기보다 시간이 훨씬 짧게 느껴진다. 8월 말에 개학을 하고, 조금 있으면 추석 연휴가 있다. 그 이후에 학예회나 수학여행,

수련회 등의 행사를 치르고 11월, 12월을 맞이하며, 이어지는 겨울방학까지 보내면 새해 1월, 신학기를 준비하는 2월이 다시 돌아온다.

이런 일상이 쌓여 금세 7년이 되었다. 반복되는 하루하루가 권태로울 법도 한데 나는 만족스러웠다. 익숙한 한편, 이 일상이 정말 나에게 당연한 일인지 다시 생각해보는 시간이 필요하다고 느꼈다.

일상 너머로 시야를 넓히고 싶었던 순간이 스웨덴으로 갈 수 있는 기회가 온 시기이기도 했다. 한국보다 사정이 훨씬 좋은 사회 제도와 문화, 삶을 대하는 태도가 내 마음을 사로잡았다. 문화가 아예 다른 환경에서 생활한다면 나를 알고 더 넓은 세상을 이해할 수 있겠다고 생각했다. 좀 더 가까운 거리에서 그들의 삶을 바라보면 실제 스웨덴 사회의 모습을 알아갈 수 있을 것 같았다. 그리고 스웨덴 생활을 통해 얻는 새로운 아이디어는 우리 부부의 삶에 영감을 불어넣어 줄 것 같았다.

스웨덴 교육에 대한 궁금증

교사로서 스웨덴의 교육에도 궁금증을 가지지 않을 수가 없었다. 신입 교사일 때는 보이지 않았던 우리 교육의 문제점들을 비교해보고 싶었다. 예를 들어 교실 안에서의 상황, 교육 제도의 문제점을 비교해보고 싶었다. 학교 사회의 문화 등에 대한 고민도 깊어졌다. 돌파구를 찾고 싶은 한편, 학교와 교실이라는 익숙한 환경에서 생활하며 문제점들을 미처 알지 못하거나 당연한 거라 대수롭지 않게 여기기도 했다.

떠나기로 결심하며 내가 몸담았던 학교에서 벗어나 스웨덴에서 조금 더 객관적으로 교육을 바라볼 수 있는 기회가 생겼다. 우리 교육과 스웨덴 교육을 비교하다 보면 대안적인 시각도 가질 수 있다고 생각했다. 입시 위주도 아니고, 사교육이라는 말도 생소한 나라, 스웨덴. 비판적 사고, 민주주의, 창의력을 중시하는 교육에서 스웨덴 학생들은 스트레스도 적다고 했다. 그래서 더 궁금했다. 스웨덴 교육의 핵심 요소는 무엇인지 알고 싶었다. 궁극적으로는 스웨덴에서 새로운 교육적 아이디어를 찾고, 한국에 돌아오게 되면 내가 만나는 학생들에게 스웨덴의 좋은 것들을 알려주고 싶었다. 한국에서도 행복하고 건강하게 공부할 수 있을까? 스웨덴에서 지내는 동안 내가 고민하며 답을 찾고 싶은 주제였다.

스웨덴이 한국에서
왜 주목받을까

스웨덴이 우리에게 그리 친숙한 나라는 아니다. 우리 엄마는 가끔 스웨덴과 스페인을 헷갈려 하신다. "다음 월요일에 학교에서 스웨덴어 시험을 봐요"라고 말하면, 다음 주에 전화 통화할 때 "그래서 스페인어 시험은 잘 봤어?" 물어보고 뒤늦게 민망하다며 웃으시곤 했다. 스웨덴에 큰 관심이 없다면 덴마크와 비슷한 북유럽 나라이겠거니, 여길 수도 있다. 한 지인은 "너 덴마크엔 언제 갔었지?"라고 묻기도 했었다. 사람들이 많이 헷갈려 하니 스웨덴에 살고 있다고 말하는 대신 "여기 와서 1년 넘게 살고 있어요" 하기도 했다. 심지어 외국 사람들도 스웨덴Sweden과 스위스Switzerland를 자주 혼동해서 유머의 소재로 삼는다고 하니, 크게 이상할 것도 없는 것 같다.

그런 우리에게 '스웨덴' 하면 떠오르는 이미지는 무엇일까? 이케아, 볼보, H&M 같은 브랜드부터 깔끔하고 군더더기 없는 라이프스타일, 복지가 좋은 나라 등 여러 이야깃거리가 나올 것이다. 한국 신문과 TV, 인터넷에서도 스웨덴의 라이프스타일이나 라떼파파 등이 자주 소개되고 있어, 이를 통해 스웨덴의 대표적인 이미지를 알 수 있다.

사람들의 낭만과 기대가 한껏 부풀어 오를 수 밖에 없는 것들. 살기 좋은 나라라는 이미지. 실제로 복지 면에선 우리가 꿈꾸고 있는 것들을 한발 앞서 걷고 있으니 부러운 마음이 들기도 할 것이다. 나도 스웨덴에서는 돈이 많든 적든, 건강하든 건강하지 않든, 장애가 있든 없든 차별 없이 인간다운 삶을 누릴 수 있다고 생각했다. 이곳에선 누구든 불안해하지 않고 행복한 삶을 꿈꿀 수 있을 것 같았다.

　출근하자마자 아침부터 저녁까지 휘몰아치는 일, 울며 겨자먹기로 야근까지 해야 하는 익숙하디 익숙한 회사 생활. '저녁이 있는 삶'에 대한 바람은 예전보다 더욱 간절해졌다. 식구들과 함께 둘러앉아 먹는 저녁 한 끼, 가족들과 웃고 떠들며 보낼 수 있는 시간, 일과 가정 두 마리 토끼를 다 잡는다 해도 회사 생활에 아무 영향이 없는 삶….

어렸을 적, 우리 가족은 거의 매일 저녁을 함께 먹곤 했다. 저녁 7시 즈음부터 저녁을 준비하시는 엄마, 나와 동생은 거실에서 TV를 보다가 '띵동' 하는 초인종 소리가 들리면 후다닥 뛰어나갔다. 문을 열면 그 앞엔 항상 퇴근하고 돌아오신 아빠가 계셨다. 아빠는 집에 늦게 들어오신 적도, 밖에서 저녁을 드시고 오신 적도 드물었기 때문에 가족이 함께 저녁을 먹는다는 건 너무나 자연스러운 풍경이었다.

우리 집 저녁 식탁 위엔 매일 진수성찬이 차려지지도 않았고 가족들끼리 떠드는 대화도 딱히 특별한 건 없었다. 단지 오늘 학교에서 무슨 일이 있었는지 조잘조잘 이야기하고 때론 엄마에게 왜 고기 반찬이 없냐며 투정을 부리기도 했다. 투정 부릴 때마다 내 숟가락에 돌아오는 건 먹기 싫은 나물 반찬이었지만. 지금까지도 내 머릿속엔 우리 가족과 함께했던 저녁 풍경이 남아 있다. 같이 있기만 해도 편안한 시간. 그게 당연했다. 나중에 내가 크고 나서야 모든 가족이 꼭 함께 저녁을 먹지는 않는다는 걸 알게 되었다. 아빠가 그 당시 우리와 저녁을 함께하기 위해 포기해야 했던 것들을 얘기해주셨을 때에야 그게 당연한 것이 아님을 깨닫게 되었다.

스웨덴과 우리나라는 기본 근로 시간이 주당 40시간, 하루 8시간이지만 차이가 있다. 스웨덴은 하루 8시간, 주당 40시간을 정확히 지킨다. 우리나라는 알다시피 야근과 주말 특근 등이 더 있다. 일은 일찍 마쳤는데 회식이

잡혀 새벽까지 술을 마시기도 하고. 내가 일인지, 일이 나인지 모를 일상이 계속 된다. 스웨덴 사람들은 대개 아침 8시에 출근해서 오후 4시~5시 정도에 퇴근한다. 아침 8시에 밖에 나가면 학교 가는 아이들, 회사로 발걸음 하는 직장인들, 도로에 늘어서 있는 많은 차들을 볼 수 있다. 오후 4시가 되면 그때부터 다시 거리가 자전거, 자가용을 타고 퇴근하는 사람들, 걷거나 버스로 퇴근하는 사람들로 북적거린다. 스웨덴 남부에 위치한 룬드는 겨울철엔 4시 정도면 벌써 어둑어둑해지곤 했다. 퇴근 시간 북새통이 지나가면 도시는 차분하게 가라앉았다. 거리는 스웨덴 사람들이 좋아하는 노랗고 따뜻한 조명이 켜진 집, 은은하게 초를 밝혀두고 저녁 식사를 하는 집으로 가득했다. 저녁 7시만 되어도 거리를 돌아다니는 사람은 별로 없고 도로에도 차들이 많지 않아서 고요했다. 밤 산책을 다닐 때, 가끔 밤에도 불이 켜진 사무실을 보긴 했지만 들여다보면 그 안에서 일하는 사람은 없었고 빈 사무실에 불만 켜둔 모습이었다.

스웨덴은 여름 휴가도 굉장히 길어서 비현실적으로 느껴졌다. 6월 말쯤되면 도시 전체가 슬슬 휴가로 들뜨는 분위기였다. 휴가 시즌은 7~8월, 두 달 동안 계속되는데 휴가가 두 달이나 되는 줄 몰랐던 나는 자전거가 고장나서 수리점에 찾아갔다가 허탕을 쳤던 적도 있었다. 그리고 시내에 맛있는 케이크를 파는 가게에 오랜만에 갔더니 '7월부터 8월 말까지 휴가를 떠났으니 그 이후에 만나요~!'라는 귀여운 안내문이 걸린 것을 보기도 했다. '스웨덴에선 이런 작은 가게들도 휴가를 오래 갈 수 있구나'라는 생각에 신선한 충격을 받았다. 학생, 자영업을 하는 사람들뿐만 아니라 직장인도 마찬가지로 연차를 충분히 사용해서 한 달 정도 휴가를 보낼 수 있다고 했다. 긴 여름 휴가 동안 스웨덴 사람들은 보통 해외여행을 떠난다. 가족, 연인 혹은 혼자 가까운 유럽부터 태국, 일본 등 아시아, 대서양 건너 미국 등 세

게 곳곳을 누빈다. 멀리 여행을 가지 않는 사람들은 바빴던 일상과 번잡한 도시에서 벗어나, 자연 가까이에 있는 별장에서 책을 읽거나 산책을 다니고 호수에서 낚시를 하면서 소소한 휴식을 취한다. 하지만 모든 스웨덴 사람이 여름 휴가용 별장을 가지고 있는 것은 아니어서, 자신만의 별장을 가지는 것이 많은 스웨덴 사람의 꿈이라고 한다.

휴가가 끝나가는 8월 말, 도시에 다시 생기가 도는 것을 볼 수 있었다. 한산했던 거리가 사람들로 다시 북적였고, 문을 닫았던 자전거 수리점도, 케이크가 맛있는 카페도 다시 문을 열어 손님들을 맞이했다. 아침 출근 행렬과 저녁 퇴근 풍경도 예전 모습 그대로 돌아왔다. 휴가 동안 서로 만나지 못했던 사람들은 각자 어딜 다녀왔는지, 뭘 했는지 서로 수다를 떨며 회사와 학교 생활에 다시 적응했다. 스웨덴 사람들이 제자리를 찾아가는 모습은 평화로우면서 생기있어 보였다. 스웨덴을 오가며 만날 수 있는, 어딘가 여유로워 보이는 그들의 표정, 어디서든 재촉하지 않는 태도는 자신들이 누려온 시간의 여유에서 온 게 아닐까 하는 생각이 들었다.

복지병? 불안하지 않을 권리

복지를 비판하는 사람들이 늘 하는 말이 있다. '나라에서 다 해주니까 사람들이 점점 게을러지지', '복지가 지나치게 잘 갖춰져 있어서 오히려 국민들이 복지병에 걸린다'이다. 그런데 막상 스웨덴에서 지내 보니 그런 비판은 사실이 아님을 알게 되었다.

스웨덴에서는 일하다가 다치거나 아픈 사람, 장애인, 아직 일할 수 없는 어린이나 청소년, 학생, 정년을 채우고 은퇴한 노인 등을 제외하고는 직업을 갖고 일해야 '꿀' 같은 복지 혜택을 받을 수 있다. 자신이 열심히 땀 흘린 만큼 돌려받는 것이다. 각종 연금과 수당은 과거에 일했거나 현재까지 일정 기간 이상 일해야 받을 수 있다. 성인이 되어서도 '이러고 있으면 나라에서 나를 먹여 살려주겠지'라는 안일한 생각을 갖고 있으면 수혜 받지 못한다. 실업수당은 내가 일을 구하고 있다는 사실을 증명해야 하며, 취업 프로그램에도 참여해야 받을 수 있다. 무작정 다 퍼주는 것은 아니었다.

나는 교사이기 때문에 자연스레 스웨덴의 교육 복지를 먼저 찾아봤다. 유심히 보니 생애 주기별로 받을 수 있는 혜택이 각각 다르다는 걸 알았다. 아이가 있는 집은 아이 한 명당 매달 자녀 수당을 받을 수 있고 그 부모는 유급 출산 휴직을 1년 넘게 쓸 수 있었다. 교육은 초등학교부터 대학원까지 무료였다. 수업료, 급식비나 체험학습비도 내지 않고 학용품도 학교에서 준다고 한다. 대학생이 되면 매달 학생 수당이 나오고, 낮은 이율로 학생 대출도 받을 수 있었다. 이런 복지를 통해 부모님께 손을 벌리지 않고도 독립적으로 살아갈 수 있다. 뿐만 아니라 회사를 다니다 병에 걸려서 휴직을 하거나 퇴사하게 되면 받을 수 있는 질병 수당, 자기가 갖고 있는 주택이 없으면 일정 나이까지 받을 수 있는 주택 수당, 한국의 국민연금처럼 은퇴 후에 받을 수 있는 은퇴자 연금, 1년에 의료비 상한이 정해져 있는 의료보험, 임대 주택 사업, 스웨덴에 온 난민들에게 주는 정착 수당과 정착 프로그램 등 복지 제도가 촘촘히 갖춰져 있었다.

국민, 이민자, 난민 등 스웨덴에 사는 사람이라면 누구든 인간답게 살 수 있도록 도와주는 게 스웨덴 복지였다. 정말 어려운 상황에 빠진 사람을 다시 일상으로 돌아갈 수 있게 도와주는 일. 당연해 보이지만 당연하지 않을 수 있다. 물론 평생을 보장해주는 건 아니겠지만 이렇게 일상을 유지하도록 도와준다는 것이 꿈처럼 느껴졌다.

완벽해 보이는 스웨덴의 사회 안전망이지만, 모든 사람을 완전히 보호해

주거나 충분한 서비스를 제공하지 못한다는 얘기도 종종 들려왔다. 매달 받는 각종 수당이 그리 많지 않다거나 임대 주택에 살기 위해 몇 년 동안 쭉 기다려야 하는 것, 병원에서 진료를 받으려면 또 몇 시간 넘게 기다려야 하는 등 스웨덴 사람들의 생활 속에 보이지 않는 불편함이 있다는 것이다. 세금을 많이 낸다고 해도 그 많은 사람에게 공평한 혜택을 주는 건 사실 쉽지 않을 것 같긴 하다. 이런 크고 작은 단점이 있다고 해도 스웨덴에서 내가 만났던 친구들은 자신의 나라를 꽤 괜찮은 곳이라고 생각하고 있었다. 학비, 생활비 걱정도 크지 않고 자기가 하고 싶은 일을 찾아서 노력하면, 그 꿈을 이룰 수 있도록 뒷받침해주는 나라가 있기 때문이었다. 무엇보다 혹시 실패하더라도 '밑바닥까지 떨어질 수 있다'는 불안감이 없기 때문에 그나마 스트레스를 적게 받으면서 새로운 일에 도전하는 것 같았다. 이것이 불안하지 않은 삶을 살 권리, 누구든 인간답게 살 권리를 보장하는 스웨덴의 '진짜' 복지라고 생각했다.

독립적인 문화와 개인에 대한 존중

스웨덴과 한국은 다른 점이 정말 많았다. 그중에서도 너무 다르다고 느꼈던 건 개인주의였다. 스웨덴에선 사람은 누구나 같은 권리를 누릴 수 있어야 한다는 평등주의가 깊게 자리 잡고 있었다. 개인을 존중하고 거의 모든 걸 웬만해서는 스스로 해결하는 모습이었다. 이런 스웨덴식 문화가 뿌리 깊다 보니, 이곳에서 적응하며 종종 낯섦을 느꼈다.

가끔 룬드 시내를 돌아다니거나 사람들이 많이 모이는 가게, 광장을 다니면서 사람들을 관찰할 때가 있었다. 그때마다 사람들의 개성 넘치는 겉모습에 내심 놀랄 때가 많았다. 온몸을 문신으로 도배한 남자, 머리를 총천연색으로 염색한 학생, 군인보다 짧게 삭발한 여자, 코와 입, 귀와 눈꺼풀에

피어싱을 한 친구들, 수염을 길게 길러 그걸 곱게 땋은 아저씨까지… 한국에선 번화가를 돌아다녀도 잘 볼 수 없는 모습들이었다. 여기 와서 그런 사람들을 볼 때마다 흠칫 놀랐지만 더 새로웠던 건 이런 독특한 모습을 하고 다녀도 누구 하나 신기하게 쳐다보지 않는다는 것이었다. 그러거나 말거나 다른 사람을 크게 신경 쓰지 않는다고 할까? 스웨덴에서 이미 개개인은 저마다 다른 사람이니까, 어떤 특정 기준을 두지도 않고 겉모습이 어떻든 상관하지 않는 것 같았다.

스웨덴에선 자신과 다른 생각을 갖고 있다고 해도 넌 틀렸다고 얘기하지 않았다. 독특한 생각이어도 그냥 그 의견을 존중했다. 스웨덴 친구들과 얘기하다가 한 가지 재미있는 걸 깨달았는데, 자기 의견을 말할 때 굉장히 조심스럽게 이야기한다는 것이었다. 자기 일상이나 날씨, 스포츠는 편하게 말하지만 논쟁거리가 될 것 같은 주제가 튀어 나오면 항상 "내 개인적인 생각인데…"라거나 "내가 잘은 모르겠지만" 같은 말을 먼저 하고 이야기를 시작했다. 무작정 자기 주장을 하지 않고, 내 생각이 틀릴 수도 있다는 걸 늘 염두에 두고 말했다.

또한 인종, 종교, 장애, 사상, 성적 지향 등 복잡한 이해관계가 얽힌 부분들을 있는 그대로 인정하는 문화가 자리 잡고 있었다. 누가 어떤 생각을 가졌든, 어떤 모습을 하고 있든 그 자체를 존중하고자 노력하기에 저마다의 다양성도 쉽게 인정할 수 있는 것이 아닐까 싶었다. 나와 다르다고 다른 사람을 차별하거나 존중하지 않으면 오히려 그 사람이 차별금지법에 의해 처벌받을 수 있다. 이런 사회 분위기 속에서 사람들은 차별에 대한 경각심을 가지게 된다.

스웨덴은 아이를 대하는 태도도 달랐다. 아이를 어른보다 부족하고 무조건 도움이 필요한 존재라고 생각하지 않았다. 부모는 아이가 스스로 옷을 입게 하거나 시간이 좀 걸려도 스스로 신발 끈을 묶을 때까지 기다린다. 또 물건을 사거나 아이 본인에게 관련된 일들을 결정할 때도 아이와 상의하고 결정한다고 한다. 학교 교육도 마찬가지다. 교사가 아이에게 하나하나 지시하거나 알려주지 않고 자신이 답을 찾을 수 있도록 기다리며 필요할 때만 옆에서 돕는다. 싫다고 하는 데 억지로 나머지 공부를 시키거나 학급 잡일을 시키지도 않는다. 처음에는 이런 교육 방식이 약간 소극적이지 않나 싶었다. 언뜻 보면 아이에게, 학생에게 별로 관심이 없는 것 같기도 했다. 부모나 교사가 좀 나서서 가르쳐야 하는 건 아닐까 했는데 이런 방식이 독립적인 생활 태도와 사고를 갖게 도와준다고 여기니 수긍이 갔다. 그리고 이와 같은 교육철학도 스웨덴 그들만의 방식이니 존중해야겠단 생각이 들었다.

이방인의 시선으로 보는
스웨덴

　　한국과 다른 스웨덴 사회를 보면서, 각자 살아온 문화를 무시하고 '역시 한국은 헬조선이야' 말하는 건 섣부른 판단이다. 스웨덴과 한국 두 나라 사이의 거리만큼이나 차이점도 아주 많다. 따라서 모든 조건을 동일 선상에 두고 비교할 수는 없다. 두 나라의 지역적 특성과 자연 환경, 문화의 차이가 역사가 흐르며 차곡차곡 쌓이면서 지금처럼 굉장히 다른 두 나라의 모습을 만들어낸 것이니까.

스웨덴이 지금처럼 복지 천국이라고 불리는 데는 역사와 정치적 힘이 세지 않았나 싶다. 스웨덴 사회 민주 노동당은 19세기부터 지금까지 꾸준히 영향력 있는 정당이다. 이 정당은 1910년대부터 지금까지 몇 번의 선거를 제외하고는 줄곧 제1당이었고 총리도 여러 차례 배출했다. 사회민주주의, 자유, 평등, 연대를 외치는 그들은 장기적으로 집권하면서 다양한 복지 정책을 만들고 실행했다. 이렇게 국민적 지지가 높은 사민당이 100년 가까이 안정적으로 복지 정책을 펼침으로써 스웨덴은 자연스럽게 지금처럼 세계에서 손꼽히는 복지국가가 될 수 있었다.

한국은 전쟁이 끝나고 비교적 짧은 시간 동안 경제적 발전을 이뤘다. 그러나 복지라는 말이 화두로 떠오르기 시작한 건 얼마 되지 않았다. IMF 외환위기 이후 고용과 생활에 대한 불안이 커지면서 보편적 복지에 대한 이야기가 나오기 시작했다. 다른 나라에 비해 복지의 역사가 짧다 보니 여러 가지 논란이 많고 정책적으로도 혼란스러운 상태다.

스웨덴에 살며 '역시 스웨덴이야, 한국은 안 돼'라는 식으로 말하는 한국인을 꽤 만났다. 왜 그런 말을 하는지 충분히 이해했다. 나 또한 개인적으로는 여전히 한국 사회에 아쉬운 부분들이 많다고 느끼니까. 그렇지만 때로는 '걸어온 길이 다른 스웨덴과 한국을 비교하는 것이 가능할까'라는 생각을 한다. 스웨덴 사회에도 그 나름의 고충과 문제점이 많고 스웨덴에 비해 한국이 더 잘 하고 있는 것도 많다.

우리 부부도 스웨덴에 오기 전까지 스웨덴에 대한 찬사가 넘치는 기사나 다큐멘터리를 많이 봤다. 스웨덴에 오고 나서는 이방인으로서 이곳을 관찰하고 다양한 사람들을 만나며 좀 더 객관적으로 볼 수 있게 되었다. 그럼에도, 단순히 내가 보고 경험한 것이 스웨덴 사회의 전부라고 말할 수는 없었다. 그래서 스웨덴에서 태어나 스웨덴에서 사는 여러 토박이 친구들을 만나 이야기를 나누어보았다.

나는 가끔 우리가 너무 쉽게 한국을 '헬조선'이라 표현한다는 생각이 든다. 스웨덴 친구들한테 이곳의 장단점은 뭐라고 생각하는지 넌지시 물어보면 쉽게 이야기하지 않았다. 대부분 깊게 고민하고 대답했다. 환경, 건축, 교육, 의료 등 친구들이 각기 다른 분야에서 일하고 있어서 다양한 대답을 들을 수 있었는데, 아무래도 자기가 사는 곳이 지금보다 더 좋아졌으면 하는 마음은 똑같은 것 같았다. 친구들은 스웨덴의 장점만큼 단점을 이야기해줬고 그래서 나도 스웨덴의 이면을 살짝 엿볼 수 있었다.

스웨덴이 정부 차원에서 기본적인 복지를 보장하고 사람을 사람답게 살게 해준다는 믿음은 있었지만, 정권이 바뀌고 신자유주의의 영향을 받으며 스웨덴만의 복지가 변질되고 있다는 이야기를 했다. 상속세, 증여세, 부유세 폐지와 낮아지는 법인세로 인한 부의 불평등에 대해 말하는 친구도 있었다. 부의 불평등에 대해 이야기를 나누면서 스웨덴과 한국이 같은 고민을 갖고 있구나 생각했다. 그에 비교해 높은 소득세에 대해 이야기하는 친구가 없었던 이유는 그만큼 복지 혜택이 많기 때문 아닐까 생각이 들었다. 개인이 지는 부담이 적고(학생수당, 양육비 등 실생활에 필요한 비용) 나라에서 복지를 일정 부분 책임지기에, 안정된 삶을 보장해준다는 것이 스웨덴의 가장 큰 장점인 듯했다.

이렇게 정치와 사회제도를 비판하는 것부터 일상적인 이야기도 이어졌다. 스웨덴의 춥고 긴 겨울 동안 햇빛이 드는 시간이 적어 기분이 우울해진다는 친구들이 많았고, 스톡홀름에 사는 친구들이 이야기하는 주택난은 서울과 다를 바 없게 느껴지기도 했다. 이렇게 친구들과 이야기를 나누며 한 사회의 다양한 면을 볼 수 있어 좋았고 동시에 스웨덴이 모든 면에서 '이상향'으로만 정의될 수는 없다는 걸 깨달았다. 스웨덴이 완벽한 나라가 아니라고 하면서도 노력하면 지금보다 더 나아질 수 있다고 말하는 모습에서 그들의 자신감을 느꼈다. 그들을 보며 사회의 문제점을 해결하고자 하는 의지가 중요하다는 걸 깨닫게 되었다.

스웨덴에서 외국인이 산다는 것

우리는 이곳에서 외국인이다. 어떤 때에는 한국 기준으로 스웨덴을 바라볼 수밖에 없는 스스로가 답답하다가도 동시에 내가 태어나고 자란 땅이 한국인데 당연한 것 아닌가 싶기도 했다. 그러면서 억지로 내가 가진 한국인으로서의 생각과 정체성을 억누를 필요는 없겠다는 생각이 들었다. 한국인 시점에서 스웨덴을 보는 나를 오히려 흥미롭게 생각하는 사람들과 즐거운 토론을 하기도 했었다.

어딜 가나 새로운 환경에서 적응하는 것은 어렵다. 로마에 가면 로마 법을 따르라는 말처럼 이곳에 녹아 들어 잘 살기 위해서는 우리가 스웨덴식 생활방식을 이해하는 게 먼저라고 생각했다. 하지만 그와는 반대로 외국인으로서 우리가 가지고 있는 스웨덴에 대한 비판적인 시각이 그들에게 도움이 되지 않을까 생각하기도 했다. 실제로 최근 들어 스웨덴의 이민자 수가 급증한 만큼 다양한 국적의 사람들이 스웨덴 사회에 잘 통합될 수 있도록 하는 교육과 토론의 장이 동시에 벌어지고 있다.

스웨덴에 사는 한국 사람들도 많이 만났다. 스웨덴인 남자친구 혹은 여자친구를 만나서 이주한 경우, 스웨덴 사회의 가치에 매료되어 이민을 결심한 경우, 복지국가의 장점에 이끌려 온 경우 등 그들이 스웨덴에 온 이유는 다양했다. 선택에 만족하는 사람, 생각했던 것과 달라 실망한 사람, 후회하고 다시 한국으로 돌아가는 사람 등… 그들의 만족도와 그에 따른 선택도 모두 달랐다.

어떤 사람들은 스웨덴으로 이민 가는 것이 다른 나라보다 더 수월하다고 말한다. 노골적인 인종차별이 적고 의사소통도 영어로 할 수 있어 비교적 자유로운 편이며 취업을 도와주는 기관도 잘 갖춰져 있어 이민에는 친화적이라는 것이다. 그러나 실제 스웨덴에서는 그 과정이 그리 녹록지만은 않다. 주변 친구들의 경험담을 들어보면, 스웨덴에서 학교에 다니지 않았거나 스웨덴어로 원활한 의사소통이 가능하지 않은 사람들은 본인의 원래 전공과 경력에 딱 맞는 회사를 구하는 것이 어렵다고 한다. 스웨덴 사람들은 대부분 영어를 잘하기 때문에 일상생활에서 의사소통하기엔 무리가 없고 친구 사귀기도 비교적 어렵지는 않다. 하지만 취업을 할 때는 스웨덴어를 할 수 있느냐 없느냐가 꽤 중요한 요소가 된다. 직종, 회사에 따라 다르겠지만 그래도 스웨덴어를 할 줄 아는 사람을 원하는 경우가 많다. 회사 규모가 작을수록 더 그렇다고 한다. 스웨덴어로 일상 회화가 가능한 친구가 100군데 정도 지원서를 넣었지만 '스웨덴어 공부를 더 하고 오면 좋겠다'는 피드백만 받고 취업하지 못하는 것을 보기도 했다. 한국 기업들이 영어가 중요하다고 강조해도 영어'만' 하는 외국인 채용을 선호하지 않는 것과 같다. 어떤 회사든 다른 사람들과의 소통, 팀워크를 가장 중요하게 여기기 때문이 아닐까 생각했다.

취업 성공률을 높이려면 스웨덴어를 적어도 8개월에서 1년 이상은 배운 뒤에 직장을 찾아야 하는데 낯선 언어는 부담으로 작용해서 어렵게만 느껴진다. 취업 기관은 존재만으로도 이민자들에게 많은 도움이 되긴 하지만 기관에서 추천하는 일자리는 보통 스웨덴 사회에서 부족한 직업군이다. 스웨덴에서 고등교육을 받지 않은 경우, 자신의 전공을 살려 취업하려면 많은 노력이 필요하다. 이미 외국인 직원의 채용을 많이 진행해온 글로벌 기업이나 규모가 큰 기업이 아닌 곳은 외국인을 채용하기 위해 이민청에서 일종의 허가증을 발급받아야 한다. 이 허가증을 발급받기 위해서는 비용이 많이 들 뿐더러 시간이 오래 걸린다. 급하게 인력이 필요한 소규모 회사들은 이런 재정적, 시간적 비용을 감당하며 외국인을 고용하는 것에 부담을 느낄 수밖에 없다. 이런 여러 가지 이유로 취업 기관에서 추천하는 직업은 주로 교사, 간호사였다. 교사, 간호사는 스웨덴에서 부족한 직업군에 속하는데 사실 두 직업 모두 어느 정도 이상의 교육이 필요해서 경력이 없으면 바로 일을 시작할 수 없다. 어느 곳이나 마찬가지겠지만 스웨덴에서도 외국인이 직장을 구하고 자리를 잡는 데에는 그만큼 더 많은 노력이 필요하고 신경 써야 할 것도 많다. 물론 차분히 준비해서 취업에 성공한 친구들을 보면 그 회사에 만족하는 경우가 많아 그런 노력들이 헛되다고 생각하지는 않았다.

취업 이야기에서 벗어나 인간관계를 들여다보면 이 또한 우리와 굉장히 다르다는 생각이 들었다. 스웨덴에 사는 한국 사람들에게서 자주 듣는 이야기 중 하나는 스웨덴 사람과 친해지려고 노력할 때면 항상 '어느 정도 거리를 두는 구나' 하는 느낌을 받았다는 것이었다. 그래서인지 스웨덴 사람들 사이에서 소외감을 느낄 때가 있다고 말하는 이들도 많았다. 궁금한 것을 물어보면 친절하게 대답해주지만, 그 이상 더 가까운 친구로 지내기는

쉽지 않다고 말이다. 처음에는 한국 사람들만 그렇게 느끼나 생각했더니 다른 나라에서 온 외국인 친구들도 비슷하게 대답했다. 그래서 학교에서 함께 공부하는 스웨덴 친구들에게 이야기했다. 스웨덴에 사는 외국인들이 이런 고충을 조금씩 안고 있는데 어떻게 생각하느냐고 물었더니, 친구들은 이미 어울리고 있는 무리가 있을 때는 굳이 새로운 사람들과 친해지기 위해 큰 노력을 들이지 않는 것 같다고 대답했다. 물론 이 부분은 개개인의 성향에 따라 조금씩 달라지기 때문에 스웨덴 문화의 특징이라고 일반화할 순 없었다. 또한 스웨덴 사람들의 개인주의적 성향 때문에 은연중에 타인과 거리를 두는 것 같다고 말하는 친구들도 있었다. 그들은 개인의 공간, 개인의 선택을 중요하게 생각하고 따라서 남에 대한 지나친 간섭 또한 경계한다. 내가 살면서 경험한 일들만 돌이켜보아도 누구든 내가 도움이 필요해 보일 때 다가와 기꺼이 도와주지만 그 이상으로 교류를 맺기 위해서는 내가 더 적극적으로 나서야 하는 경우가 많았다.

이런 차이를 외국인에 대한 차별로 인식하고 소외감을 느끼는 사람들도 있었다. 외국인에게 일부러 거리를 둔다고 말하는 스웨덴 사람은 내 주변엔 없었다. 하지만 단기간에 가까워지기 힘든 스웨덴 사람들의 거리 두기는 타국에 살면서 더 큰 외로움을 느낄 수 있는 외국인들에겐 냉정함으로 비칠 때도 있을 것 같았다.

이런 인간관계뿐 아니라 일상생활 속 차이점들은 셀 수 없이 많다. 스웨덴에 오고 한국에서 가장 그리웠던 것은 한밤중 집 앞 편의점에서 마시는 시원한 맥주였다. 스웨덴에서는 음주에 관해 그다지 자유롭지 않기 때문에 한국의 자유로운 음주 문화, 저렴한 술값, 언제든 술을 살 수 있는 편의점이 그리웠다. 스웨덴에서는 몇몇 도시를 제외하고는 공공장소 및 야외에서 술을 마실 수 없다. 술을 살 수 있는 시간과 상점 역시 한정되어 있다.

알코올 도수 3.5%가 넘어가는 술은 모두 '시스템볼라겟Systembolaget'이라고 하는 주류 상점에서만 살 수 있다.

시스템볼라겟은 100% 정부 소유이며 주류 공급과 유통을 독점적으로 담당하고 있다. 시스템볼라겟이 생긴 것은 과거 스웨덴 사회의 과한 주류 소비와 알코올 규제에 관한 국민적 요구가 높아지면서부터라고 한다. 그래서 마트에 가면 도수가 낮은 맥주만 판매한다. 또한 술값이 비싸다. 시스템볼라겟에서 술을 사는 것도, 술집에서 마시는 것도 모두 비쌌다. 그렇기 때문에 돈이 없는 학생 신분인 내게 한국에서처럼 1차, 2차 술을 마실 일은 많지 않았다. 하지만 같은 북유럽권 나라인 덴마크는 술에 있어선 자유로운 편이고 주류 가격 또한 스웨덴보다 싸다. 카페나 음식점에서 다양한 술을 팔고 마시는 모습을 흔하게 발견할 수 있다. 장소에도 별다른 구애를 받지 않는다. 펍에서, 걸어 다니면서 혹은 벤치에 앉아서 캔맥주와 와인을 홀짝이는 덴마크 사람들을 보며 가까운 두 나라가 이렇게나 다르구나, 생각했다.

택배 시스템 또한 매우 다르다. 스웨덴에 와서 처음 택배를 받을 때 우편함에 들어있는 편지를 발견했다. '택배가 왔으니 찾으러 오라'는 내용이었다. 수령 장소는 집 근처에 있는 대형마트였다. 편지를 들고 마트에 갔더니 평소에는 눈여겨보지 않았던 우편을 취급한다는 간판이 그제야 눈에 띄었다. 마트에서 택배를 찾기 위해서는 ID카드(여권)과 택배 수령 번호가 있어야 한다. 스웨덴은 특별한 경우를 제외하고 일반적으로는 택배가 집 현관 바로 앞으로 배달되지는 않는다(한국에서 보낸 국제 소포를 집 앞에서 받은 적은 있었다). 대신, 택배가 도착하면 우편함에 택배 수령 편지가 온다. 반품 과정도 수령과 마찬가지로 같다. 반품할 물건을 포장하여 택배를 수령했던 곳으로 가지고 가서 반품 신청을 하고 확인 영수증을 받으면 된다. 길을 오가며 우체부와 우체통은 몇 번 봤는데 우체국은 본 기억이 없어 알아보니 정말 스웨덴에는 우체국이 없었다. 정부 조직 및 업무 체계를 바꾸며 우체국을 없애고, 그 일을 주변 상점이나 슈퍼마켓에 이관했다고 한다. 한국으로 보자면 편의점 택배에 우편 업무까지 추가되었다고 보면 될 것 같다. 상점 옆에 해당 간판이 있으면 우편 업무(편지 봉투와 우표 구매 등), 택배 업무(수령, 반품 등)를 처리한다는 뜻이다.

이방인으로서 타지에 사는 건 큰 도전이다. 아무리 철저히 준비해도 상상했던 것과 실제 삶은 너무나 다르다. 이민 친화적인 스웨덴에서도 이는 예외가 아니었다. 우리 부부에게도 "돌아오지 마라", "스웨덴에 살지 한국에

•• 우편물을 취급한다는 표시의 간판.

•• 스웨덴의 우체통.

스웨덴의 우편배달 방법.

자전거나 오토바이 등을 이용한다.

왜 오려고?"라고 말하는 사람들이 많았다. 어쩌면 별 뜻 없이 한 말이겠지만 우리는 그 선택의 무게감을 알기에 웃으며 넘기기 힘들 때도 종종 있었다. 스웨덴이 참 편안하게 살기 좋은 곳이라고 생각하지만 평생 살았던 고국을 떠나는 건 그와는 또 완전히 다른 이야기가 아닐까?

스웨덴에 대한 이야기를 시작한 건 우리가 그만큼 스웨덴에 오래 살았거나 스웨덴 사회에 대한 이해가 깊어서는 아니었다. 단지 '어떻게 하면 이곳에서, 또 저곳에서 잘 살아낼 수 있을까, 좀 더 지속 가능한 삶을 영위할 수 있을까'를 고민했을 뿐이다. 스웨덴과 한국, 그 중간 지점에서 우리가 본 스웨덴 사회와 그 이면을 공유하고 또 그로 인해 우리 부부의 일상이 어떻게 변화하고 있는지 하나씩 이야기해보고자 한다.

하나하나 뜯어보는
스웨덴

이케아를 통해 본
'스웨덴다움'

스웨덴에서 새로 사귄 친구들이 우리 부부에게 가장 궁금해하는 점은 '스웨덴에서의 삶이 한국과 어떻게 다른지', 또 '그런 차이에 대해 우리가 어떻게 생각하는지'였다. 사실 우리의 제한적인 경험과 주관적인 이해만 가지고 스웨덴은 어떠한 나라다, 이렇게 정의 내리기는 어려웠다. 하지만 우리는 우리 나름대로 스웨덴이란 나라를 더 잘 이해하고 싶어 이곳에서 열리는 여러 세미나와 학회에 참석했고 운 좋게도 다양한 분야에서 일하는 스웨덴 친구들을 사귀었다. 그들과 함께 스웨덴 문화에 대해 많은 이야기를 나눌 수 있었고, 그런 시간이 쌓여 스웨덴 사람들의 일상을 바라보는 나만의 관점이 생기면서 마침내 내가 바라본 스웨덴을 좀 더 구체적으로 이야기해볼 수 있게 되었다. 우리 부부가 스웨덴에서 살며 느끼는 것 중 하나는 한국에서 스웨덴은 아직 생소한 나라라는 사실이다. 한국에는 스웨덴의 복지정책, 양성평등 정도가 많이 알려져 있는데 이런 사회 시스템과 국가 정책들을 아는 것도 그 나라를 이해하는 데 도움이 되겠지만, 우리는 진짜 스웨덴을 알기 위해선 일상적인 스웨덴 문화와 스웨덴 사람들이 우선으로 여기는 가치를 아는 것이 더 중요하다고 생각했다. 진짜 스웨덴을 알고 스웨덴에 잘 적응하기 위해선 스웨덴만이 가지고 있는 '스웨덴다움Swedishness'을 알아야 한다는 이야기를 들었다. 'Swedishness'라고 부르는 것을 나는 '스웨덴다움'으로 번역해보았는데 이는 '스웨덴과 스웨덴인들이 중요하게 여기는 가치'라고 할 수 있을 듯싶다. 그래서 우리가 보고 겪은 스웨덴 사람들과 여러 경험을 통해 깨달은 '스웨덴다움'에 대해 이야기해볼까 한다.

'스웨덴다움'이란 무엇일까?

스웨덴에서의 본격적인 출발은 스웨덴인의 특성을 파악하는 것이었다. 때때로 속을 알기 힘든 스웨덴 사람들의 성격, 한국과 다른 인간관계에 대한 생각 등 외국인 친구들(비스웨덴인)에게 들었던 스웨덴의 특성을 나도 느낄 때가 있었다. '친절하지만 어딘지 모르게 거리감이 있다'는 이야기 또한 낯설지 않았다. 이런 외국인들을 위해 '스웨덴다움'에 대해 자세히 알려주는 세미나도 있었다. 세미나에서는 유학생, 이민자들이 스웨덴 사람들과 어떻게 잘 소통할 수 있을지, 어떻게 스웨덴 사회에 잘 녹아들 수 있을지를 함께 이야기하는 자리를 갖는다. 어떻게 사람을 사귀는지 알려주는 세미나라니… 흔치 않은 주제라고 생각해 나도 참석해보았다.

물론 세미나에서 '스웨덴다움'에 대한 이해를 통해 스웨덴이라는 나라와 스웨덴인들이 중요시하는 가치를 알아가는 것도 흥미로웠지만, 개인적으로는 한국 사람으로서 스웨덴 문화의 장단점과 한국 문화를 어떻게 잘 융합할 수 있을까 생각해보기도 했다. '스웨덴다움'이 마냥 낯설지만은 않았고 '한국다움'과 시너지를 낼 수 있겠다고 느낀 부분이 많았기 때문이다. 세미나를 듣고 와서 '스웨덴다움'에 대해 노트에 쭉 정리해보았다.

독립적인 개인
평등을 강조하는 문화
격식을 차리지 않는 문화
합의(만장일치) 문화
무한한 정보 공유의 미덕
국가에 대한 믿음
워크 라이프 밸런스

한 번에 이해가 되는 부분도 있고 조금 생각해보아야 알법한 부분도 있었다. 더 나은 이해를 돕기 위해 스웨덴다움을 가장 잘 드러내고 있는 스웨덴의 대표 브랜드 이케아IKEA를 생각해보면 좋을 듯싶다. 이케아의 비전은 '많은 사람의 더 나은 일상을 위해To create a better everyday life for the many people'이다. '많은 사람'의 '더 나은 일상'이란 무엇일까를 생각하면 이 비전과 스웨덴 사람들의 독립성, 평등을 지향하는 사회적 가치가 맞닿아 있다는 걸 알수 있다.

독립적인 개인

이케아의 소비자는 기본적으로 다른 사람의 도움 없이 모든 가구를 '직접' 조립해서 써야 한다(물론 조립해주는 서비스도 있다). 스웨덴 사람들의 독립적인 특징이 여기서부터 드러나는 것이 아닌가 싶다. 스웨덴 사람들과 지내며 느끼기에, 그들은 자신이 할 수 있다고 판단되는 일은 웬만해선 남에게 부탁하지 않았다. 또한 남이 직접 도와달라고 부탁하지 않은 일에 대해서는 섣부른 참견을 하지 않았다. 스웨덴에 적응하며 주변 사람들에게 받았던 호의가 고마워서 나도 보답해야겠다는 생각으로 이따금씩 몇 번 나설 때가 있었는데 그때마다 "괜찮아", "내가 직접 할 수 있어, 걱정하지 마"라고 부드럽게 거절당한 적이 많았다. 처음엔 이런 반응이 살짝 민망하기도 했지만 나중에는 그것이 나의 친절을 딱 잘라 무시하는 것이 아니라, 그들의 독립적인 성향에서 나오는 자연스러운 행동이었음을 알게 되었다. 특히 그들은 자신이 잘 모르는 사람의 일에 관심을 가지거나 간섭하는 일이 매우 드물었다. 곤경에 빠진 사람에게 도움을 주는 일은 제외하고 말이다. 부탁하지도 않은 일에 굳이 끼어들거나 누군가 어떤 특이한 행동을 한다고 해서 그 모습을 빤히 쳐다보는 일 역시 거의 없었다. 개인의 공간을 중요시하고 프라이버시에 대해 캐묻지 않는 것, 자기가 할 수 있는 일은 되도록 스

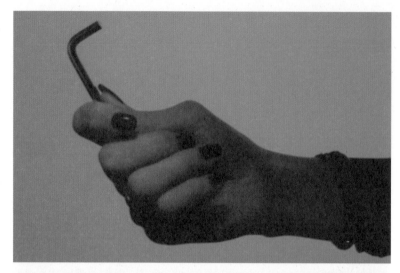

스로 해결하고 남에게 민폐를 끼치지 않는 것. 이것이 스웨덴 독립성의 핵심이라고 할 수 있다. 어떤 세미나에서는 우스개로 스웨덴 사람들이 버스 정류장에서 서로 1m 이상 떨어져 줄을 서 있는 사진을 보여주었다. 실제로 1m까지는 아니지만 우리 또한 사람이 붐비는 공공장소에서 어느 정도 서로의 공간을 보장해주는 것이 이곳의 문화임을 종종 목격하기도 했다.

평등을 강조하는 문화

이케아 가구는 비교적 합리적인 가격이기 때문에 개인의 소득을 떠나 많은 사람이 이케아 가구들을 살 수 있다. 이케아에서는 이렇게 누구나 접근할 수 있는 소비재를 제공함으로써 평등이란 가치를 실현시키고 있었다. 물론 우리가 이케아 가구를 쓰고 이 브랜드에 대해 친근하게 느끼고 있더라도 이케아가 스웨덴 문화와 가치를 드러내고 있다는 것을 직관적으로 느끼기 어려울 수도 있다. 이런 면에서 한 나라의 대표 기업과 비즈니스 마인드를 깊이 있게 살펴보는 것 또한 그 나라를 이해하는 데 큰 도움이 되지 않을까 생각했다.

이케아가 표방하는 평등의 가치는 스웨덴 사회 전반에 녹아있다. 예를 들어 스웨덴에서는 나이, 성별, 출신을 떠난 평등을 강조한다. 회사에서 직급이 더 높다고 하여 부하직원을 하대하거나 무엇을 해라, 하지 마라 마음대로 지시할 수가 없다. 정중하게 "Could you(해줄 수 있겠니~?)"라고 물어보고 부하직원의 의사에 대해 존중해야 한다. 반대로 부하직원들은 직장 상사에게 뭔가를 요구할 때 단도직입적으로 이야기하는 경우가 많다고 들었다. 아무래도 상사가 부하직원들에게 지시를 내리는 경우가 많아 전복적인 차원에서 부하직원이 되레 강하게 이야기할 수 있는 분위기를 만든 것 아닌가 싶었다. 상사가 일방적으로 지시하는 것이 자연스러워지면 어느 순간부터 야

근처럼 부당한 요구를 아무렇지 않게 하게 될 가능성도 있으니 말이다.

한편으로는 평등이 워낙 강조되다 보니 때로는 나이가 많고 경험이 많은 사람들이 존중받는 아시아 문화를 본받자는 요구가 나오고 있다는 이야기를 들었다. 내가 들었던 세미나에서 이 이야기가 나왔을 때, 옆자리에 앉아 크게 공감하며 고개를 끄덕이는 할머니들을 봤었다. 역시 모든 사람이 다 똑같을 수는 없구나, 또한 특정 가치나 문화가 무조건 좋다고 말하는 것은 위험한 것 아닐까 생각했다.

격식을 차리지 않는 문화

내가 스웨덴 대학에 처음 갔을 때 가장 먼저 눈에 띄었던 것은, 교수들이 편한 티셔츠에 면바지를 입고 수업을 진행하는 모습이었다. 스웨덴에선 학교든 회사든 편한 복장으로 일하는 경우가 대부분이고 직급에 관계없이 서로 이름을 부른다. 한국에서 쭉 살아온 나는 교수님에게 "누구야" 하고 이름을 부르는 것이 정말 어색했다. 지금은 한국에 돌아가서 상사의 이름을 막 부르게 되는 것은 아닐까 무서울 정도로 이 문화에 익숙해졌지만. 이런 문화가 직급 간 있는 상하관계를 허물고 대등한 대화와 토론을 가능하게 만들어주는 것 같다. 그러나 대학 이전의 초등, 중등, 고등교육 과정에서는 이 문화가 교사에 대한 권위를 무너뜨리고 있다고 하여 부작용을 낳기도 했다고. 스웨덴에서도 이렇게 직급을 막론하고 이름을 부르는 문화가 생긴 것이 그리 오래된 일은 아니라고 한다. 이렇게 여러 시행착오를 겪으며 한 가지 문화가 정착하거나 변형되는 것 아닐까 생각했다.

합의(만장일치) 문화

스웨덴에서는 합의를 매우 중시한다. 학교에서도 마찬가지였기에

나 또한 이를 경험할 일이 많았다. 토론은 물론이고 행사 하나를 추진할 때도 대다수 사람이 이해하고 인정하는 결론이 날 때까지 회의를 계속했다. 한마디로 완벽한 합의를 이룰 때까지 회의가 끝나지 않았다. 당연히 회의 시간은 길고, 한 번만 해서는 결론이 나지 않는다. 솔직히 이런 토론을 하다 보면 지치는 때가 많다. 회의가 길어질수록 점점 더 집중력이 떨어지고 기운이 빠졌다. 나만 특히 더 힘든가 싶었는데, 다른 외국인 친구들도 마찬가지로 힘들어했다. 외국인이 스웨덴에 와서 공부하거나 스웨덴 회사에 취직했을 때 이 합의 문화에 혀를 내두르는 경우가 종종 있다고 한다. 종일 내내 회의를 하면서도 결론이 나지 않아 다음 회의를 기약할 때면 속이 꽉 막힌 답답함을 느낄 정도라고.

사실 학교에서는 결국 현실적인 '마감' 기한이 있기 때문에 누군가 좀 더 강하게 의견을 어필하는 사람의 주장대로 결론이 나는 경우도 많았다. 하지만 그 과정에서도 스웨덴 친구들의 항상 다른 사람들을 설득하려고 끝까지 노력했고, 다들 어느 정도 같은 생각을 가지고 있는지 확인하곤 했다. 개인적으로는 이런 합의 문화가 마냥 좋다고 생각하지는 않지만, 자기주장만 내세우지 않고 모두의 의견을 모으기 위해 노력하고 서로를 존중하는 모습은 인상 깊었다.

무한한 정보 공유의 미덕

스웨덴에서 하나 더 새로웠던 점은, 정보를 공유하지 않는 사람은 도태된다고 믿는다는 것이었다. 보통은 정보 하나라도 내가 더 많이 알려고 하지 않나 싶었는데 스웨덴에선 그렇지 않았다. 학교에서 스웨덴에 관련된 공부를 집중적으로 했을 때, 외국인으로서 접근하기 힘든 정보들이 있었다. 그럴 때마다 스웨덴 친구들이 정말 많은 도움을 줬다. 가끔은 내가 물어본 것보다 더 많고 유용한 정보들을 직접 찾아다 주기도 했다. 그렇다고 친구들이 정보만 주고 마는 게 아니었다. 이런 정보들이 서로의 연결고리가 되어 그 정보에 대해 많은 이야기를 나누고 의견을 교환하곤 했다. 이런 경험을 통해 빠르게 정보를 공유함으로써 함께 토론하고 더 나은 결론을 낼 수 있다고 믿는 것이 스웨덴 문화의 특징이지 않나 생각했다.

국가에 대한 믿음

한국에서 회사에 다녔을 때는 상사들에게선 애사심을 가져라, 평상시 어른들에게선 애국심을 가져라, 이런 이야기들을 흔히 듣곤 했다. 하지만 애사심, 애국심은 그저 가져야지 한다고 해서 가져지는 마음가짐은 아니라고 생각한다. 스웨덴 사람들은 나라에 대한 믿음이 굉장히 강하다. 무엇보다 국가 차원에서 보장해주는 것이 많으니 국민들이 그 틀 속에서 편안함을 느끼며 산다는 것이 그런 믿음의 근간이 된다. 개인의 실패를 국가라는 틀 안에서 보듬어주고 새로운 기회를 제공하는 스웨덴의 복지 정책이 믿음을 견고히 해준 것 아닌가 생각하니 수긍이 갔다. 높은 수준의 복지를 수행하기 위해 그만큼 높은 세율의 세금

• OECD 국가 2016년 '청렴도' 순위 •

OECD 순위	국가
1	덴마크
1	뉴질랜드
3	핀란드
4	스웨덴
5	스위스
6	노르웨이
7	싱가포르
8	네덜란드
9	캐나다
10	독일
10	룩셈부르크
10	영국
13	호주
14	아이슬란드
15	벨기에
15	홍콩
17	오스트리아
18	미국
19	아일랜드
20	일본
⋮	⋮
52	대한민국
53	나미비아
54	슬로바키아
55	크로아티아

을 부과하고 있어도 믿음엔 변화가 없다. 이것은 모두 스웨덴 정부의 투명한 예산 집행으로 국가-국민 간에 신뢰가 두텁기 때문이다. 결국 사회적 신뢰를 이뤄내기 위한 국가의 정책적 의지, 사회 구성원의 노력으로 이 모든 그림이 그려진 것 아닐까 싶었다. 스웨덴 사람들의 국가 신뢰도는 부패 인식지수**로도 잘 알 수 있다. 나는 다른 것보다도 나라를 믿고 일종의 가족 네트워크로도 여기는 스웨덴 사람들의 태도가 내심 부러웠다.

워크 라이프 밸런스

워크 라이프 밸런스, 한국에서 일하며 가장 절실히 느꼈던 부분이었다. 지금 한국 사회에 가장 필요한 것도 바로 이 '워크 라이프 밸런스'가 아닐까 싶다. 스웨덴에서는 '효율성을 높여 좀 더 적게 일하자!'를 목표로 노동시간 단축을 위해 여러 제도를 도입하여 실험을 거듭하고 있다. 최근에는 6시간 근무제가 뜨거운 감자였다. 그러나 찬성이 있으면 반대도 있는 법. 어떤 사람들은 워크 라이프 밸런스가 게으른 사람들에 의해 악용되고 있다고 말한다. 개인적인 용무를 이유로 휴가를 내거나 자리를 길게 비우며 이를 악용하는 사람들이 실제로 간혹 있기 때문이었다. 융통성 있는 것이 아니라 일의 효율이 오히려 떨어지고 있는 것 아니냐는 주장이었다. 게다가 미국이나 아시아처럼 자신의 경력을 위해 업무에 더 많은 시간을 투자하자고 이야기하는 사람들도 있다. 그러나 나는 법을 지키지 않고 악용하는 사람보다 성실히 일하는 사람이 더 많을 거라고 생각한다. 결국 진정한 '밸런스'의 의미는 어느 쪽으로든 치우치지 않는 것이다. 한국에서 회사생활을 했던 나는 이곳에서 말하는 '효율'과 '적게 일하자'는 이야기에 더

** 부패 인식 지수(CPI): 당신의 국가가 얼마나 청렴하다고 생각합니까?에 대한 구성원의 인식을 담은 지수.

관심을 가질 수밖에 없었다.

　한국과는 전혀 다른 문화권에서 살며, 나는 내가 평생 가졌던 것과 다른 가치관, 다른 문화를 알아가고, 왜 그런 걸까 생각하며 스웨덴 사람들을 관찰하는 것만으로도 하루하루가 흥미로웠다. '스웨덴다움'에 관심을 가지고 스웨덴 사회를 관찰하다 보니 한국에 있을 때는 당연하게 여겼던 것들이 한국만의 특별한 장점이었구나, 느낄 때도 많았다. 한국에서 살 때는 한국 사회의 단점이 먼저 눈에 보였는데, 스웨덴에 살며 조금 멀리에서 한국 사회를 바라보니 거꾸로 스웨덴 사람들에게 자랑할 만한 문화가 먼저 떠오르기도 하고 한국만의 가치에 대해서도 달리 보게 됐다. 한국 사람들의 꾸준한 성실함과 불의에 저항하는 정의감. 정권을 교체하고자 거리로 쏟아져 나오는 모습들. 이것만 해도 스웨덴 친구들에게 한국을 소개하기에 충분하지 않을까?

느린 서비스,
고객에게 불편한 서비스

'빨리빨리'를 떠나 마주한 스웨덴

　　긴 여행을 떠나온 것처럼 스웨덴 생활의 출발은 호기심으로 가득했다. 노래를 부르는 듯한 그들의 말소리, 노랗다 못해 하얗게 빛나는 머리칼을 가진 사람들, 주변에 있는 사람들의 피부색이 나와 다른 것도 낯설고 새로운 경험이었다. 낯선 언어와 환경을 가진 나라에서 살아간다는 것은 그동안 내가 해왔던 여행과는 또 다른 경험이었다.

가까운 레스토랑에 갔을 때, 시내로 나가며 거리를 걸을 때, 나는 아이처럼 호기심 가득한 눈으로 주변을 두리번거리며 스웨덴과 우리 부부가 머무는 도시 룬드를 익혀갔다. 스웨덴 생활에 익숙해지고 내 주변을 둘러싼 것들이 눈에 들어오기 시작하면서 스웨덴과 우리나라가 가진 차이점 또한 보이기 시작했다. 그 차이점이란 작게는 도로와 건물의 모습부터 크게는 사람들과 두 사회가 가진 문화에 이르기까지 많은 곳에서 발견할 수 있었다. 그중 나에게 가장 먼저 와 닿았던 것은 삶의 속도였다. 스웨덴은 내가 겪어온 것보다 삶의 속도가 느렸다. 한국보다 삶의 속도가 빠른 나라는 몇 안 될지도 모른다. 고요함과 여유를 좋아하는 그들은 은행에서 일 처리가 늦다고 답답해하거나 아이를 데리러 갈 때 시간에 쫓겨 발걸음을 재촉하는 일이 드물었다. 단지 서로 멀찍이 떨어진 채 줄을 서서 버스를 기다린다거나 세무서에서 번호표를 뽑고 '내 차례가 언제쯤 오려나'라고 생각하며 차분히 기다릴 뿐이었다.

서울은 도시 곳곳에 '빨리빨리'가 습관처럼 배어 있다. 그래서 음식 배달이나 행정 업무, 서비스 같은 것들이 순식간에 처리됐다. 빠른 서비스 덕분에 편리한 삶을 누릴 수 있었지만, 나 역시 그와 같은 속도로 누군가를 만족시켜야 했기 때문에 서울의 속도에서 자유로울 수 없었다. 맡은 일을 잘 해야 한다는 압박은 덤으로 따라왔다. 하루를 마치는 퇴근길에 종종 '내가 점심으로 뭘 먹었지?'를 기억해내지 못한 채 집에 와서 저녁밥을 먹은 일이 허다할 정도였다.

배달이 안 되는 음식점들, 예약을 안 하면 허탕을 칠 수도 있는 행정 기관, 주말 저녁이면 칼 같이 문을 닫는 상점들. 한국의 빠른 속도에 익숙해 있던 나는 이곳에 와서 '도대체 왜 이렇게 일 처리가 느린지', '주말 저녁에 왜 이렇게 많은 가게들이 문을 닫는지' 알 수 없어 꽤 긴 시간 동안 답답해했다. '조금 더 빨랐으면', '주말 저녁에도 마음 편히 갈 수 있는 가게들이 많았으면'이라는 아쉬움은 계속 있었지만 그래도 '스웨덴은 원래 이런가 보다'라고 여기기 시작하면서 조금은 답답함이 덜어졌다.

한국 같았으면 왜 이렇게 느리냐며 항의를 했을 법한 일들도 여기선 대수롭지 않게 넘어가거나 '그게 큰 문제인가?'라고 여겨지기 때문에 한국에서의 기존 방식 그대로 스웨덴에서도 살아간다면 내가 되레 이상한 사람 취급을 받을 수도 있다. 이렇듯 한 사회 안에서 널리 받아들여지는 문화가 다른 사회에서는 완전히 다르게 받아들여질 수도 있다는 건 내게 흥미로운 일이었다.

이곳은 얼마나, 어떻게 느릴까

스웨덴에서는 여러 가지가 느렸지만 우리 부부를 제일 애태웠던 건 통장 개설이었다. 스웨덴에 오고 통장을 만들기까지 근 한 달이라는 시간이 걸렸다. 이 한 달 안에는 통장 개설을 위해 필요한 사회보장번호, 외국인 등록증 발급 등의 시간도 포함된다. 순수하게 은행에 가서 통장 개설을 신청하고 발급을 받기까지는 일주일 정도 걸렸다. 다른 나라도 비슷하다고는 하지만, 실질적인 생활에 가장 필요한 통장 개설을 그 자리에서 바로 할 수 없어서 답답했다.

행정 기관을 방문할 때도 비슷했다. 예약을 하지 않으면 그 날 상담을 받지 못할 수도 있었다. 예약 없이 방문할 수 있는 곳이어도 대부분 민원인이 많고 일 처리 속도는 당연히 빠르지 않았다. 때문에 번호표를 뽑고 또 한나절 가까이 기다려야 했다. 우리 부부가 만난 담당 공무원들은 업무 스트레스가 적은 지 용건만 말하지 않고 농담을 던지기도 하고 그들 특유의 여유로운 표정으로 우리를 맞이했다. 상담을 마치고 필요한 서류를 작성한 후 이제 끝났겠다 싶었는데 일은 바로 해결되지 않았다. 상담을 마치니 담당자가 "집에 가서 기다리세요. 몇 주 후에 민원에 대한 결정문이 우편으로 갈 거예요"라는 말을 전했다. 그렇게 또 집에 와서 기다려야 했다. 한국에서는 당일에 해결되는 일, 바로 발급받을 수 있는 서류들이 스웨덴에서는 며칠, 심지어 몇 주가 걸렸다.

도심의 가게들 역시 폐점 시간이 이르기 때문에, 빠르고 편리한 서비스에 익숙했던 소비자라면 불편함을 느낄 수 있겠단 생각이 들었다. 가게들의 폐점 시간이 이르기 때문이다. 평일에는 저녁 7~8시, 주말에는 오후 3~5시가 되면 많은 가게들이 문을 닫았다. 일요일에는 아예 열지 않는 가게들도 꽤 있었다. 룬드는 학생들이 많은 도시여서 그런지 6~8월, 석 달 동안 이어지는 긴 여름방학에는 몇몇 가게들도 여름휴가라며 문을 닫았다. 물론 학생 도시가 아닌 스톡홀름에서도 2, 3주간 여름휴가를 떠난다며 가게 문을 닫는 경우가 많았다. 한국에선 오히려 주말이나 공휴일에 더 많은 손님을 맞으려고 주인과 아르바이트생들은 쉬지 못하고 문을 여는 가게들이 많은데, 스웨덴은 달랐다.

곰곰이 생각해보면 이런 속도로 인해 일하는 사람들이 숨을 쉴 수 있는 것 같다. 노동자는 시간에 덜 쫓기게 되고 장사하는 사람도 가족과 함께 오붓

하게 저녁을 먹을 수 있을 테니까. 느린 서비스로 인해 소비자가 조금 불편한 대신 노동자는 그만큼 일과 삶의 균형을 이룰 수 있는 것이다.

소비자가 좀 더 편리한 서비스를 누리기 위해선 누군가가 좀 더 빨리 그리고 늦게까지 일해야 한다는 사실을 다시 깨닫게 되었다. 우리가 밤늦게 편의점에 맥주를 사러 간다면 그 시간에 일하는 직원이 있어야 하고 행정 업무가 그 자리에서 바로 처리되기 위해선 직원이 더 빠르게 일해야 하는 것처럼 말이다.

사실 나는 느린 일 처리와 이른 폐점 시간이 무조건 좋다고 생각하지는 않는다. 하지만 적어도 나의 편리를 위해서 다른 사람의 편안이 희생될 수도 있다는 사실을 잊지 않았으면 한다. 타인의 편리를 위해 일하는 사람들의 수고를 알고, 그들을 향한 감사와 배려의 마음을 가지면 어떨까?

우리 부부는 마트에서 물건 구경하는 걸 무척 즐긴다. 꼭 물건을 사지 않더라도 마트에 무엇이 있는지 또 가격은 얼마인지 구경하는 건 우리 부부의 소소한 취미생활이다. ICA, COOP, LIDL 등 스웨덴에도 규모가 제법 큰 마트들이 있는데 저녁 시간이나 주말에 장을 보는 사람들로 붐비는 모습은 한국과 비슷했다. 마트 계산대에서 우리는 종종 흥미로운 장면을 목격할 수 있었다. 사람들이 계산대 벨트 위에 물건을 올려둘 때 아무렇게나 쌓아두지 않고 일렬로 알맞게 정렬하는 것이었다. 그리고 물건들을 바코드가 보이는 방향으로 올려뒀다. 물건들이 질서 정연하게 줄을 서서 계산대를 통과하는 모습은 귀엽기도 하고 재미있기도 했다. 그런데 스웨덴 사람들은 왜 이런 행동을 하고 있었을까?

그건 마트 직원이 계산을 할 때 좀 더 편하게 물건 가격을 찍을 수 있도록 돕기 위함이었다. 만약 물건을 뭉쳐서 쌓아두면 계산을 하는 직원은 물건들을 하나씩 집어 가격을 찍어야 할 것이다. 거기에 더해 바코드가 보이지 않는 방향으로 물건을 올려두면 계산을 하는 직원은 물건을 다시 요리조리 돌려 바코드를 찾고 가격을 찍어야 한다. 그 수고를 덜어주고자 스웨덴 사람들은 계산대 위에 물건을 올려둘 때 차례대로 그리고 바코드가 보이는 방향으로 올려두는 것이었다.

하지만 마트 입구나 계산대 어디에도 '계산대 위에 물건을 하나씩 올려주세요', '물건 바코드가 보이는 방향으로 물건을 올려주세요'와 같은 안내는 쓰여 있지 않았다. 바코드가 보이지 않게 물건을 올려두거나 물건을 뭉쳐서 올려뒀다고 해서 지적하거나 뭐라고 하는 사람도 없었다. 그것은 단지 사람들의 자발적인 행동일 뿐이었다.

한국에서 '손님은 왕이다'라는 말은 들을 때면 나는 늘 불편했다. 휴대폰

이 고장 나서 서비스센터에 갔을 때 너무 친절한 직원들의 응대에 한편으론 기분이 좋았지만 그 친절에 어찌해야 할지 몰라 쩔쩔매기도 했었다. 패밀리 레스토랑에 갔을 땐, 무릎을 꿇고 내 옆에서 주문을 받는 직원을 보며 대접받는다는 느낌보다 굳이 이렇게까지 해야 하나 싶은 부담스러운 서비스에 마음 한구석이 자꾸 걸렸다.

철저한 고객 중심 주의가 당연한 것으로 받아들여지면 고객과 직원 사이에는 수직적인 관계가 만들어지고 소위 말하는 '갑질'이 생기기도 한다. 수직적인 관계 속에서 직원은 때로 고객의 폭언에 제대로 대응하지 못하고 부당한 대우에도 웃으며 응대할 수밖에 없을 것이다. 고객 중심 주의가 직원 중심 주의로 바뀐다고 해도 부당한 대우의 대상이 고객으로 변할 뿐 크게 달라질 건 없다.

감정 노동, 과잉 친절처럼 한쪽이 일방적으로 허리를 숙여야 하는 관계는 스웨덴에서 찾아볼 수 없었다. 가게에 물건을 사러 가거나 행정 기관에서 상담을 받을 때에도 고객인 나와 상대방 직원은 서비스를 주고받을 뿐 그 이상의 친절도 그 이하의 무례도 존재하지 않았다. 누구든 소비자가 될 수 있고 누구든 노동자가 될 수 있기 때문에 서로를 존중하는 것이다.

많은 사람들이 서비스를 고객이 응당 누려야 할 권리 중 하나라고 생각한다. 가게는 손님의 편의를 위해서 최선을 다하고 직원은 항상 친절하게 고객을 응대하면 고객은 그 서비스에 대한 대가를 돈으로 지불한다는 것이다. 하지만 잊지 말아야 할 것이 하나 있다. 서비스 안에 사람이 있다는 사실 그리고 항상 친절한 얼굴과 표정으로 고객을 대하는 직원들도 우리와 같은 권리와 감정을 가진 사람이라는 것을.

스웨덴의 화장실이
특별한 이유

스웨덴의 공중 화장실은 한국과 사뭇 다르다. 화장실은 일상 생활에서 너무나 당연한 공간이기에 그다지 깊이 생각해볼 겨를이 없었는데 스웨덴의 화장실은 보자 마자 뭔가 다르다는 걸 쉽게 깨달을 수 있었다.

'스웨덴의 화장실은 뭔가 조금 다르다'에서 시작된 이야기는 '그동안 자연스럽고 당연하게 받아들였던 것들을 다른 방향에서 살펴보면 달라 보일 수도 있구나'의 깨달음으로 이어졌다. 내게는 당연한 행동이나 말이 스웨덴 사람들에게는 놀라운 일이 되기도 하고 그들에게 당연한 것이 내게는 깜짝 놀랄 일이 되기도 한다. 사실 '당연한' 것이란 없지 않을까 생각한다. 지금은 뭐든 당연하게 받아들이기 전에 그것이 사실 무엇을 의미하는지 한 번 더 생각해보는 습관을 만들어보려고 노력하는 중이다.

매일 마주하는 일상적인 공간에서 발견하는 작은 차이들이 한 사회를 이해하는 실마리가 될 수도 있으니 얼마나 멋진 일인가?

흔히 알고 있던 화장실의 이미지

'화장실'이란 단어를 들으면 고속도로 휴게소의 공중화장실이 먼저 떠오른다. 긴 여행을 하다가 잠깐의 휴식과 급한 생리현상을 해결해 줄 수 있는 공간이기에 그렇다. 고속도로 휴게소 같은 경우 칸이 많은 화장실임에도 여자 화장실은 항상 입구에서부터 긴 줄이 늘어서 있고 그에 반해 남자 화장실은 비교적 한산하면서 순환이 빠르다.

휴게소 화장실을 포함한 한국의 모든 남자 화장실에는 불문율이 있다. 소변을 볼 때 시선은 늘 앞을 향해야 한다는 것이다. 소변기에 붙어 서 있는 순간, 다른 사람과 눈이 마주치면 굉장히 어색하고 심지어 다른 사람의 소변기를 향해 시선을 두면 이상한 사람으로 취급 받기 때문이다. 그래서 나는 아무리 가까운 친구와 함께 화장실에 가더라도 소변을 볼 때는 앞의 벽만 보곤 했다.

화장실 입구에 남녀로 나뉜 간판, 남자 화장실로 들어가면 한쪽엔 줄지어 위치한 소변기, 그리고 반대편엔 볼 일을 위한 대변 칸 정도의 구성. 그게 머릿속에 각인된 화장실의 이미지였다.

스웨덴 화장실에는 소변기가 없다?

스웨덴에 막 도착하고 공항에서 처음 스웨덴 화장실을 이용했다. 이날 기억이 여전히 선명한데, 그곳이 내가 그동안 갔던 어느 화장실과는 전혀 다른 모습을 하고 있었기 때문이었다.

안내 문구를 보고 화장실에 갔더니 화장실 문 앞에 모두 남녀 공용 그림이 표시되어 있어서 난감했다. '여기가 여자 화장실인지 남자 화장실인지도 확실치 않고 혹시 여기가 여자 화장실이라면?' 하는 생각에 화장실 문 앞에서 들어갈지 말지를 한참 망설였다. 그리고 '도대체 남자 화장실은 어디 있는 거야?' 생각하며 남자 화장실을 찾으려고 공항 여기저기를 기웃거렸다.

그 해프닝 이후로도 말뫼, 룬드, 스톡홀름 등 스웨덴 여기저기를 돌아다니며 다양한 화장실을 보았다. 그때마다 화장실은 항상 남녀 공용 그림이 있는 모습이었다. 단순히 '남녀 화장실을 따로 만들 공간이 없어서 합쳐졌나 보다', '청소하기 힘드니까 동시에 하려고 안 나눴나 보다. 역시 실용적이군!'이라고 생각했다. 하지만 대학교를 가도, 큰 쇼핑몰에 가도, 카페나 대형 음식점을 가도 화장실은 모두 같은 모습이었고 점차 나는 그 이유에 대해 생각해보기 시작했다.

내가 경험한 대부분의 화장실 내부 구조는 다음과 같았다. 문을 열고 들어가면 좌변기와 세면대 그리고 화장지가 있는 게 기본적인 모습이었다. 화장실은 대개 한 명씩 들어가고(간혹 어린아이와 부모가 함께 들어가기도 한다) 성별

에 상관없이 줄을 서서 기다리다 자기 순서가 되면 들어가는 식이다. 여자 화장실의 경우 한국에서도 하나의 방처럼 생긴 독립형 화장실 구조가 꽤 있어서 익숙한 사람도 있겠지만 나는 무척 신기하고 낯설었다. 남자 화장실에 흔히 있는 소변기가 없다는 사실 또한 어색했다. 규모가 큰 쇼핑몰에 가도 이런 독립형 화장실의 개수가 많아질 뿐 구조는 같았다.

이런 화장실은 한국의 남녀 공용 화장실과는 개념이 완전히 다르다. 한국은 단순히 남자 화장실과 여자 화장실을 한 공간에 합쳐놓은 구조여서 남녀 모두 불편하다고 느끼고 일부에서는 이를 범죄 사각지대로 여기기까지 하는데, 스웨덴은 한 사람이 좌변기, 세면대, 거울이 있는 공간을 혼자서 쓰는 방식이어서 화장실 문을 열고 들어가도 다른 사람과 마주칠 일이 없다. 스웨덴의 공중화장실은 이런 형태의 화장실이 여러 개 나란히 있는 구조다. 그래서 이용하는 사람이 누구든, 안에서 무엇을 하든 방해받지 않고 온전히 혼자만 사용할 수 있다.

성 중립 화장실

　　스웨덴의 화장실에 대한 TED 영상을 보았다. "내일 세상을 바꿀 수 있다면 가장 먼저 1인용 칸막이가 있는 중성 화장실을 공공장소에 만들겠다"고 말하는 강연자, 트랜스젠더인 이반 코요테Ivan Coyote의 영상이었다. 그는 이분법적인 성 구분에 들어맞는 사람들에게만 열려 있는 공중화장실에 대한 의문과 분노를 가지고 있었다.

그는 "나는 성전환을 한 사람이다. 나는 남자 화장실에 갈 때마다 불안함과 불편함을 느낀다. 우리와 같이 성적 구분에 맞지 않는 사람들을 위해 성 구별이 없는 화장실을 더 많이 만들어야 한다"고 이야기했다. 이 영상을 보고 나서야 '왜 스웨덴에는 남녀 화장실이 나뉘어 있지 않을까?'에 대한 실마리가 조금 풀렸다. 궁금해져서 관련 정보를 더 찾아보니 이러한 화장실을 '성 중립 화장실Gender Neutral Restroom' 혹은 '남녀 공통 화장실Unisex Restroom'이라고 한다는 것 역시 알게 되었다. 맨 처음 공항에서 보고 혼란스러웠던 남녀가 함께 그려진 화장실 그림 역시 성 중립 화장실의 기호였던 것이다. 화장실 앞에서 이런 그림을 본 적이 없었던 나는 의미를 정확히 몰랐기에 헤맸던 것이다.

전 세계적으로 성 중립 화장실이라는 개념과 그림 표시가 알려지면서 미국, 캐나다, 영국, 유럽 등에서는 실제 성 중립 화장실의 수가 점차 늘어나고 있다고 한다. 스웨덴에서는 좀 더 적극적으로 그 의미를 표현하기 위해 여성과 남성, 장애인, 남녀가 반씩 섞인 그림이 함께 있는 새로운 화장실 안내 표시도 사용한다고 한다.

이런 화장실 구조와 그림이 단지 성을 바꿨거나 이분법적 성 정체성의 틀에 맞지 않는 사람들을 위해서만 생겨난 것은 아니다.

위의 화장실 역시 성 중립 화장실이다. 화장실 표시도 남녀가 함께 그려진 그림으로 되어 있었다. 화장실에 들어가면 변기와 세면대, 거울, 휴지 등 일반 화장실에서 볼 수 있는 물건들이 있다. 내가 아는 화장실과 차이점이 없는 것 같지만 자세히 살펴보면 변기 옆에 노약자나 장애인이 안전하고 편안하게 화장실을 사용할 수 있도록 손잡이가 있다. 세면대 오른쪽에는 아기 기저귀를 갈 수 있는 간이 침대와 침대를 덮을 수 있는 1회용 시트까지 갖춰져 있다. 누구나 큰 불편 없이 함께 쓸 수 있는 화장실인 것이다. 스웨덴 생활을 하며 이런 화장실이 어디든 있다는 걸 알게 됐고, 이곳은 성

전환을 한 사람(혹은 이분법적 성 정체성의 틀에 맞지 않는 사람), 장애가 있는 사람, 아기와 함께 화장실에 가야 하는 사람, 남성 또는 여성 모두가 구애 받지 않으며 이용할 수 있는 공간이구나 싶었다.

그런 의미에서 보니 스웨덴의 화장실은 스웨덴 사회가 담고자 하는 가치를 드러내는 하나의 상징적인 공간이다. 그것은 바로 모든 사람이 차별받지 않고 인간의 권리를 당연히 누려야 한다는 인권과 평등에 대한 지향점이다. 하나를 보면 열을 안다고, 일상생활에서 누구나 쓰는 화장실이 이런 모습이라면 스웨덴 사회의 다른 시설들이나 제도에도 인권과 평등의 가치가 담겨 있지 않을까, 하는 기대가 생겼다.

차별이 줄어드는 사회를 위하여

우리 사회 안에는 크고 작은 차별이 존재한다. 인종과 성적 지향, 장애 유무와 나이 등이 차별의 잣대가 된다. 이런 차별을 타파하자고 한국의 모든 공중화장실을 성 중립 화장실로 바꾼다고 해도 차별에 대한 우리의 인식이 하루아침에 개선되지는 않을 것이다. 또한 모든 화장실을 바꾸기도 어려울 뿐더러 꼭 바꿀 필요도 없다. 사람들에게 필요한 건 단지 우리가 당연하게 여겼던 일들이 어떤 사람들에겐 불편할 수도 있고 차별이 되기도 한다는 것을 인식하는 것이다. '굳이' 그렇게까지 생각해야 하냐며 어물쩍 넘길 것이 아니라 그동안 우리가 배려하지 못했던 차별받는 사람들까지 적극적으로 생각해야 한다.

깨닫기 전에는 그냥 지나칠 일들이 한번 깨닫고 나니 더는 지나칠 수 없게 되었다. 모두가 행복한 세상은 불가능할지라도 더 많은 이들이 행복한 세상을 만들 수 있다고 믿는다. 그건 우리가 당연하게 여기고 지나쳤던 어떤 것들이 누군가에게는 어렵고 불편한 것이었다는 걸 알아가고 그러한 것들을 변화시킬 때 가능하다. 그 사회 안에서 우리는 이전보다 좀 더 행복해질 수 있다.

다시 시작한
채식

나는 채식을 하고 있다. "저는 채식주의자입니다"라고 당당하게 말
하기엔 중간중간 공백이 좀 있었지만, 스웨덴에 온 후로는 어렵지 않게 채
식주의자로 살아가고 있다. 예전에 한국에서 1년 남짓 이어졌던 나의 채식
생활은 '어쩔 수 없이' 위기를 맞이했고 결국엔 채식을 포기할 수밖에 없었
다. 한국에서 회사에 다니면서 채식을 하기란 쉽지가 않았다. 여러 가지 이
유로 채식을 하는 것이 사람들 사이에선 튀는 행동으로 여겨졌고 식사시간
마다 나 때문에 다른 사람들이 불편을 느낄 수 있다는 죄책감을 안고 있어
야 했다. 왜 밥 먹는 시간이 자유로울 수 없었을까, 고된 회사 생활에서 그
나마 낙이 될 수 있는 점심시간에 왜 다 같이 특정 식당에 가서 특정 메뉴를
먹어야 했을까, 왜 죄책감을 느껴야 했을까 조금 억울한 마음도 들었다.
채식을 개인적인 식습관이나 가치관의 선택이라 볼 수도 있지만 한국에서
채식을 한다는 건 이보다 좀 더 복잡했다. 집단주의적 문화, 개인의 선택에
대해 주변에서 한두 마디씩 평가하는 일이 그다지 이상하지 않다고 생각
하는 일종의 오지랖 문화는 채식을 단순히 '육류를 섭취하지 않는 개인의
선택' 이상의 의미로 해석하게 만들었다.
스웨덴에 오자마자 다시 채식을 해야겠다라고 쉽게 생각한 건 아니었다.
외식할 때도, 스스로 음식을 만들어 먹을 때에도 항상 여러 가지를 고려해
야 하는 일이니까 말이다. 이런 수고스러움이 드는 것을 감수하고 스웨덴
에서 다시 채식하게 된 이유는 여러 가지가 있었다.

별것 아니게 된 채식 생활

　　나는 채식인들 사이에 둘러싸여 있다. 무슨 말인가 하면, 같은 학
과 친구 중 절반 이상이 채식주의자이다. 그중에는 비건Vegan(고기는 물론 우유,
달걀도 먹지 않는 엄격한 채식주의자)도 상당히 많다. 내 주변 친구들 대부분이 환경

을 보호한다는 이유로 채식을 하고, 이 친구들과 함께 공부하고 생활하면
서 저절로 고기를 먹을 기회가 줄어들게 됐다. 한국에서는 김치찌개를 먹
어도 안에 고기가 들어 있고 칼국수를 먹어도 베이스는 고깃국물이었다.
회식 장소는 항상 고깃집이었고, 가지가지 한다는 구박을 들으며 삼겹살
대신 구운 양파를 안주로 술을 마시는 날들도 많았다. 한국에서 고기가 아
예 들어가지 않는 메뉴를 찾는 것은 어렵다는 걸 채식을 시작하고 깨달았
다. 회사 동료들이나 친구들이 나보다 더 곤란해 했던 걸 떠올리자니 스웨
덴에서의 상황과는 정반대라는 생각이 들었다. 지금은 주변에 모두 채식주
의자들뿐이라 오히려 채식하는 편이 친구들과 다니기에 편하다.
내가 환경학 공부를 하고 있으니 주변에 채식주의자가 많나 생각하기도
했는데, 알고 보니 스웨덴이라는 나라 자체가 다른 나라와 비교해봐도 채
식하기 정말 좋은 곳이었다. 사실 친구들에게 전통적인 스웨덴의 음식이

뭐냐고 물어보면 항상 나오는 대답은 '소스를 곁들인 구운 고기와 감자', '링곤베리 잼을 곁들인 미트볼', '절인 청어와 감자' 정도였다. 이름만 들어도 한국의 전통음식들보다 오히려 더 고기와 생선 위주인 음식들이다. 그런데도 스웨덴은 채식하기 좋은 나라다. 정말 많은 채식 메뉴들이 있고 어느 식당에 가든 채식주의자들을 위한 메뉴가 준비된 경우가 많았다. 학교 학생 식당에도 채식 메뉴가 두 개 이상은 꼭 있었고, 마트에서는 비건들을 위한 콩고기, 비건 치즈 등 채식 재료를 쉽게 살 수 있다. 채식의 강국이라는 인도에서 온 친구들도 스웨덴에서의 채식 환경을 인정할 정도였다. 채식을 시작하기 전, 또 시작하면서 생각하게 되는 생활 속 불편함도 없고, 채식하면 귀찮다, 채식하면 먹을 게 없다와 같은 고민을 할 필요가 없어지니 채식이 별로 특별한 일도 아니게 되었다.

가끔은 내가 채식을 하고 있는지 의식이 안 될 정도로 편안하게 채식 생활을 하고 있다. 매일같이 하던 점심 메뉴 고민도 하지 않고, 때가 되면 식당에 가서 "채식 메뉴로는 뭐가 있죠?" 하고 물어본다. 그래서 처음에는 '아, 스웨덴은 애초에 채식 인구가 많아서 이렇게 식당마다 채식 메뉴가 따로 있는 거겠지?' 싶었다. 특히 병아리콩이나 렌틸콩을 주재료로 한 음식들이 많아서 채식하기에 정말 편하겠구나 생각했다. 하지만 스웨덴 친구들과 스웨덴의 채식 환경에 대한 이야기를 하면서 내 예상이 틀렸다는 걸 알게 되었다.

스웨덴이 원래 채식주의자가 많았던 나라는 아니다

친구들은 스웨덴에서 채식주의자의 비율이 최근 들어 많이 늘어난 것이라고 말했다. 실제로 2010년부터 2014년까지 5년 동안 채식주의자의 비율이 4%나 증가해 현재는 인구의 10%가 채식주의자이다(2014년 조사이니 현재는 더 많을 것이다). 채식주의자 비율이 인구의 40%인 인도는 종교적인 이유(힌두교, 자이나교 등)가 가장 큰데, 스웨덴은 동물의 권리나 육식의 환경적인 영향 때문에 채식주의자가 되는 경우가 많다고 한다. 재미있는 건 스웨덴 바로 옆 나라들인 덴마크, 노르웨이, 핀란드의 채식 인구 비율은 각각 4%, 2%, 3%라는 것이다. 이런 비율을 보면 북유럽 전체가 그런 것이 아니라 스웨덴에 유독 채식주의자가 많다는 걸 알 수 있다. 스웨덴 사람들의 사회, 환경에 대한 관심이 채식으로 이어지면서 채식주의자들을 위한 환경도 빠르게 만들어지는 것 같다. 지금은 '예전부터 이런 재료들을 사용하는 음식들이 많았던 걸까?' 하는 생각이 들 정도로 채식이 보편화되어 있다.

스웨덴에서는 채식하는 사람을 까다로운 입맛이나 유별난 생각을 하는 사람으로 여기지 않고, 그저 자기가 원하는 것을 선택한 것으로 본다. 그러니 어느 식당에 가도 채식 메뉴가 있기 마련이고 실제로 일상생활을 하는 데 불편함을 느낄 일이 없다. 친구 집에 초대를 받아 갔을 때나 대규모 인원이 모이는 공식적인 디너파티에 참석할 때, 혹시 채식주의자는 아닌지, 비건은 아닌지, 또 특별히 알레르기가 있거나 먹을 수 없는 음식이 있지는 않은지를 꼭 물어왔다.

한번은 학교 세미나에서 만난 세실리아라는 아주머니댁에 초대된 적이 있었다. 학교 친구가 아닌 새로운 사람에게 저녁 초대를 받아 들뜬 기분이었다. 아주머니가 저녁 음식을 준비하기 전에 혹시 못 먹는 음식이 있는지 미리 문자로 물어봤다. 나는 채식을 한다고 말했고, 아주머니는 문제없다고 대답했다. 그 날 저녁 아주머니는 나를 위해 채소와 치즈 등의 재료로 맛있는 음식을 대접해주셨고 나는 그녀의 배려로 즐겁게 식사할 수 있었다. 심지어 학교 수업 차 현장 학습을 갔을 때도 모든 학생에게 못 먹는 음식이 있는지, 채식 여부 등을 세세하게 조사한 후 식단을 조정하는 것을 보고 감

•• 호머스, 함께 곁들인 것은 병아리콩과 채소를 갈아서 튀긴 팔라펠.

•• 달콤하고 새콤한 커리와 비트 샐러드.

•• 팔라펠부터 파슬리 페스토, 채소구이와 커리 팬케이크.

•• 베지버거(패스트푸드점에 가도 채식주의자용 베지버거를 쉽게 볼 수 있다).

탄했다. 이렇게 채식을 하면서 서로 다른 사람의 취향과 가치, 선택 등에 대해 참견하기보다는 존중한다고 느낄 때가 많았다. 굳이 뭐 이렇게까지 해야 하냐고 되물을지 모르겠지만 모두가 자신의 선택을 존중받으며 즐겁게 식사할 권리는 가장 기본적인 것 중 하나가 아닌가 싶다. 물론 사람이 많이 모일수록 개개인의 취향에 맞춰 하나하나 다 준비할 수는 없을 것이다. 그래도 먹지 못하는 음식이 있는지 물어보고 그들이 선택할 수 있는 최소한의 대안을 마련해주는 정도의 배려는 할 수 있지 않을까?

세미 채식주의자, 플렉시테리안Flexitarian

스웨덴에서 만난 사람 중에는 스스로 채식주의자라고 하진 않지만 되도록 고기를 먹지 않으려고 한다고 말하는 경우를 자주 보았다. 상황에 따라, 건강상태에 따라, 또 기호에 따라 가금류만 먹는다든지 어떤 특정 요일에만 고기를 먹는 사람도 있었다. 이런 사람들은 자신을 '세미 채식주의자Semi vegetarian'라 칭하기도 하고 '플렉시테리안Flexitarian(채식주의 식사를 하지만 때에 따라서는 육류나 생선도 먹는 사람)', 즉 유동적인 채식주의자라고 소개하기도 했다.

"저는 육고기는 먹지 않고 생선, 달걀은 먹습니다"라거나 "저는 오늘 고기를 먹지 않겠습니다"라는 사람에게 "그게 뭐야. 그냥 다 먹지! 채식하는 것도 아니잖아", "채식한다더니 포기한 거네?"라고 쉽게 말하는 사람들이 있다. 채식주의자라고 해서 모두 채소만 먹는 건 아니다. 채식은 세부적인 단계가 있으며 그 단계를 벗어나서도 자신의 신념에 따라 다양한 선택을 할 수 있다. 이런 개인의 선택을 유별난 행동으로 생각하고 빈정거리는 사람들이 있다. 나 또한 한국에서 이런 이야기들을 들은 적이 있다. 채식하는 것을 튀는 행동으로 생각해서 그런 것인지, 내 선택이 육식하는 자신을 향한 공격이라고 받아들여서였는지 지금도 잘 모르겠다. 육식주의자, 채식주의자 또 자신만의 새로운 선택을 한 사람들까지, 모두 비난받을 이유는 없다. 오히려 모든 선택이 존중받아야 한다고 생각한다.

다양성 존중, 그리 어렵지 않다

나는 주변 사람들에게 채식해야 한다, 함께 채식을 하자고 이야기하지 않는다. 한 집에 사는 남편도 채식주의자가 아니다. 나의 한 마디 말이 누군가에게 채식을 선택하도록 강요하는 것처럼 보일까 봐 되레 조심하고 있다. 내가 조심하는 만큼 반대로 다른 사람들 역시 내 선택을 존중해줘야 하지 않나 싶을 때도 있다. 무얼 하든 소수라고 해서 무시하거나 별종으로 여기기보다는 말이다.

한국 친구들 말을 들어보면, 요즘 직장에서도 점심시간이나 회식 때 각자

먹고 싶은 걸 먹거나 서로의 입맛을 존중하는 식으로 문화가 바뀌고 있다고 한다. 하지만 아쉽게도 내 경우에는 그렇지 않았다. 특히 회식 장소는 항상 고깃집으로 통일되었다. 회식 문화를 매우 좋아하고 사람들과 어울려 술 마시는 것도 좋아했지만 내가 먹을 수 있는 음식이 거의 없는 회식은 도저히 즐길 수가 없었다. 구성원 모두를 배려하는 식사 문화를 만들기란 진정 어려운 것일까? 구성원들의 다양한 취향과 선택을 존중하는 대안적 회식 문화는 필요하지 않을까?

이 글을 쓰면서 한국에서도 채식을 지향하는 사람들이 생각보다 많아지고 있다는 걸 알게 되었다. 한국의 채식 인구는 2%, 채식을 지향하는 '채식 선호 인구' 또한 30% 정도 된다고 한다. 이런 비율이 점점 높아진다고 하는데 이 속도에 맞는 변화도 있어야 하지 않나 싶다. 생각해보면 비빔밥이나 된장찌개 같은 한국 음식들이 오히려 채식 아닌가. 모두가 채식을 할 수는 없겠지만, 적어도 채식을 하는 사람이 자신의 선택에 대해 힘겨움을 느끼지는 않았으면 하는 마음이 든다.

지속 가능한
소비 습관

살면서 '소비한다', '뭔가를 산다'는 것이 가지는 의미에 대해 그다지 깊이 생각해본 적이 없었다. 다만 은연중에 소비한다는 것을 조금 부정적으로 여겨왔다. 생필품을 살 땐 그렇지 않았는데, 욕심내서 사치품을 샀을 때 찾아오는 막연한 죄책감 때문이 아니었을까 싶다. 그렇다고 쇼핑을 마냥 싫어하는 성격도 아니어서 아이쇼핑도 많이 했고 물건 하나 살 때마다 여러 번 생각하고 결정했다. 이런 소비 패턴이 절약하는 좋은 습관일 수는 있겠지만 어찌 보면 순전히 시간 낭비인가 싶기도 했다.

스웨덴에 살면서 생활 곳곳에 스웨덴 특유의 합리성을 강조하는 문화를 접하다 보니 현명한 소비, 합리적인 소비를 한다는 것은 무엇일까 생각하게 되었다. 필요한 물건, 내가 원하는 걸 산다는 것은 잘못된 일도 아닐 뿐더러 죄책감이나 허탈함을 가져야 할 일이 아니다. 그렇지만 내 소비가 미치는 영향에 대해 생각해보는 것은 중요한 것 같다. '어떻게', '무엇을' 선택해서 소비하느냐에 대해 생각하고 물건을 사는 것, 내가 스웨덴에서 돌아보게 된 소비 개념이다.

물건을 만들기 위해 드는 자원, 만들어진 물건을 수입하고, 수출하고 옮기는 과정을 소비자인 우리는 쉽게 잊곤 한다. 그뿐 아니라 더 이상 쓰지 않아 버려지는 물건들은 쓰레기가 되고 그 쓰레기를 처리하는 데에 또 다른 에너지가 쓰인다는 건 소비가 단지 사는 순간 끝나는 것이 아니라는 걸 의미한다. 나는 그런 소비의 사회적인 비용들을 결국 우리가 책임져야 하지 않을까 하는 생각을 했다. 그러던 차에 인터넷에서 소비에 대한 여러 가지 정의를 찾아보다가 재미있는 분류법을 발견했다.

"선진국의 소비 양상은 크게 보아 유럽형과 미국형으로 나뉜다. 유럽형은 오래된 가구나 식기 또는 오래 유지된 가옥 등으로 상징되는 풍요한 내구소비재와 비교적 낮은 소비성향을 특색으로 하면서 자주적 소비 선택을 하는 형이다.

미국형은 자동차, 모터보트 등 유행을 상징으로 하는 풍요한 내구소비재와 높은 소비성향을 지닌 고소득, 고소비형이다. 매스컴에 의한 선전광고가 언제나 새로운 소비재에 대한 욕망을 고조시켜 고소득이면서도 만성적으로 욕구불만이 지속된다.

한국의 소비양식은 미국형이다.”

출처: Doopedia, 두산백과.

위의 사전적 정의를 읽으며 공감되는 부분이 많았다. 그러면서 내가 스웨덴에 살며 직접 체험한 유럽형 소비, 그중에서도 북유럽형 소비는 어떤 것인지 다시금 생각해보았다.

스웨덴에서 발견한 추억의 ‘아나바다’

내가 어렸을 때는 ‘아나바다’ 운동이 전국적으로 한창이었다. IMF 사태를 겪은 사람들이라면 모두 기억할 것이다. ‘아껴 쓰고 나눠 쓰고 바꿔 쓰고 다시 쓰자.’ 불필요한 지출을 줄이기 위해 너도나도 참여한 운동이었다. 한국의 재정 상황이 좋아지면서 아나바다 운동은 귀여운 느낌의 단어, 철 지난 촌스러운 단어가 되어 추억 속으로 사라졌다.

하루는 스웨덴 제3의 도시라는 말뫼Malmö에 가야 할 일이 있었다. 볼일을 마치고 시내를 걷는데 눈에 띄는 가게가 있었다. 밖에서 보았을 때는 그냥 평범한 옷 가게 같은 ‘Swop Shop’. 그런데 이 가게는 특별한 철학을 가진 곳이었다.

'Swop'이란 단어는 '바꾼다Swap'는 뜻이다. 이 가게는 단어 뜻 그대로 물건을 '바꿀' 수 있는 곳이었다. 입던 옷을 가져가면 점원이 상품의 값어치를 평가해 가격을 매기고 그에 상응하는 포인트를 적립해주었다. 그러면 사람들은 그 포인트를 써서 다른 사람들이 내어놓은 상품을 살 수 있었다.

여느 빈티지 숍과 다를 것 없어 보이는 이 가게는 지속 가능한 의류 소비에 대한 철학을 품고 있었다. 스왑숍Swop Shop을 처음 연 제인 올슨Jane Olsson은 의류 제조에 필수적으로 따라오게 되는 환경적, 사회적 문제들에 반기를 들면서도 '더 이상 소비하지 말자', '욕망을 억누르고 절제하라'고 말하진 않았다. 다만 그녀는 새로운 비즈니스 모델을 개발하여 지속 가능한 소비 패턴과 라이프 스타일을 제안했다.

내가 쓰지 않는 물건을 다른 사람과 바꿔 쓴다는 게 매력적이어서 스왑숍 같은 플랫폼 없이 나 혼자서 한번 해보려고 했지만 막상 교환까지 이뤄지는 건 어려웠다. 게다가 말뫼 같이 큰 도시가 아닌 작은 대학 도시에 살다 보니 이런 가게가 가까이에 있지 않아 내심 섭섭했다. 그런데 알고 보니 이런 매장 형태가 아닌 SNS 그룹 페이지와 단기적인 오프라인 행사로도 옷 교환clothes swop을 하는 경우가 많다는 걸 알게 되었다.

스웨덴, 덴마크 친구들과 쇼핑에 대해 알게 된 것들도 많았다. 옷 교환하는 가게 말고도 다채로운 스타일의 옷들을 갖춰놓고 언제든 빌려 갈 수 있게 한 일명 '옷 도서관'이 스웨덴과 덴마크에 몇 군데 있다고 했다. 옷 도서관은 한국의 파티 의상 대여점 같은 시스템과 다를 바 없지만, 평소에도 입을 수 있는 일상복 또한 구비하고 있다는 점이 조금 달랐다. 나는 이런 대여 서비스를 이용한 일은 별로 없지만 요즘엔 한국에서도 옷뿐만 아니라 장난감과 생활용품 등 다양한 물건들을 빌려주고 공유하는 시스템이 보편화되어 있다고 하니 나중에 꼭 한 번 시도해 봐야겠다.

전 세계적으로 패스트패션 열풍을 이끄는 스웨덴 의류 브랜드 H&M에는 저렴한 옷이 많다. 때로는 중고 가게보다 가격이 싼 경우도 꽤 있다. 사람들은 보통 저렴한 가격, 유행하는 디자인의 옷을 사려고 이런 패스트패션 브랜드들을 이용한다. 그렇지만 옷을 사지 않고 바꿔 입거나 빌려 입고 또 중고 가게를 이용한다는 것은 '싸게' 구입한다는 것과는 또 다른 얘기다. 한국의 한 설문조사에서 공유, 대여 서비스를 이용하게 되는 계기를 조사했을 때 가장 많은 사람이 '합리적인 소비라고 생각하기 때문'이라고 답했다. 여기에서 말하는 합리적인 소비는 단지 '가장 싸게 사는 것'을 의미하지는 않는 것 같다. 과거보다 다양한 선택지를 가진 우리에게 과연 '합리적인 소비'란 무엇인지 새롭게 생각해봐야 하지 않을까?

차선이 아닌 문화가 된 '중고'

처음 스웨덴에 오고 필요한 생활용품을 사기 위해 발품을 팔아 이곳저곳 돌아다녔었다. 그러다 룬드에서 가장 큰 쇼핑센터에 가게 됐다. 이 쇼핑센터에는 디자인이 특이하고 값도 싼 생활용품들을 파는 가게들이 많았다. 당장 필요한 걸 사야 했던 우리는 몇 가지 물건을 추려 구입했고 잘 샀다며 뿌듯해했다.

만족했던 마음도 잠시, 그렇게 급하게 물건을 샀던 걸 금방 후회했는데 그 이유는 바로 집 근처 중고 가게들을 들르면서였다. 거기에는 더 많은 종류, 더 좋은 품질의 물건들이 있었고 가격도 훨씬 더 저렴했다. 눈이 휘둥그레질 정도로 괜찮은 물건들이 많아서, 나중에는 그저 새로 들어온 중고 물건들을 구경하러 가기도 했다. 이 가게에는 시간의 흔적이 묻은, 또 누군가의 손을 거쳐 더 높은 가치를 담게 된 가구나 식기들뿐만 아니라 오래된 엽서와 포스터 등 아주 작은 골동품들도 가득했다. 무엇이든 품질이 나쁘지 않

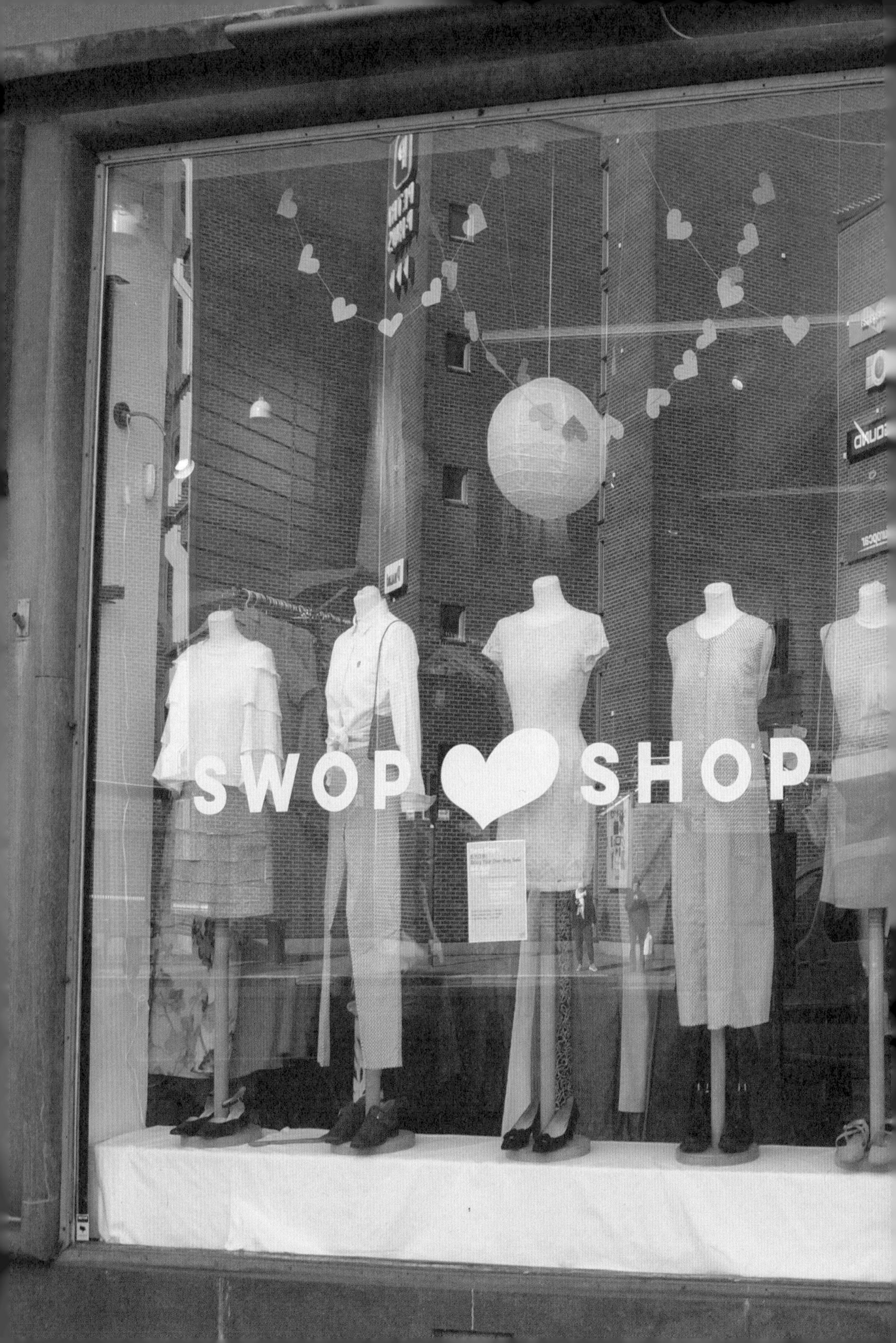
SWOP SHOP

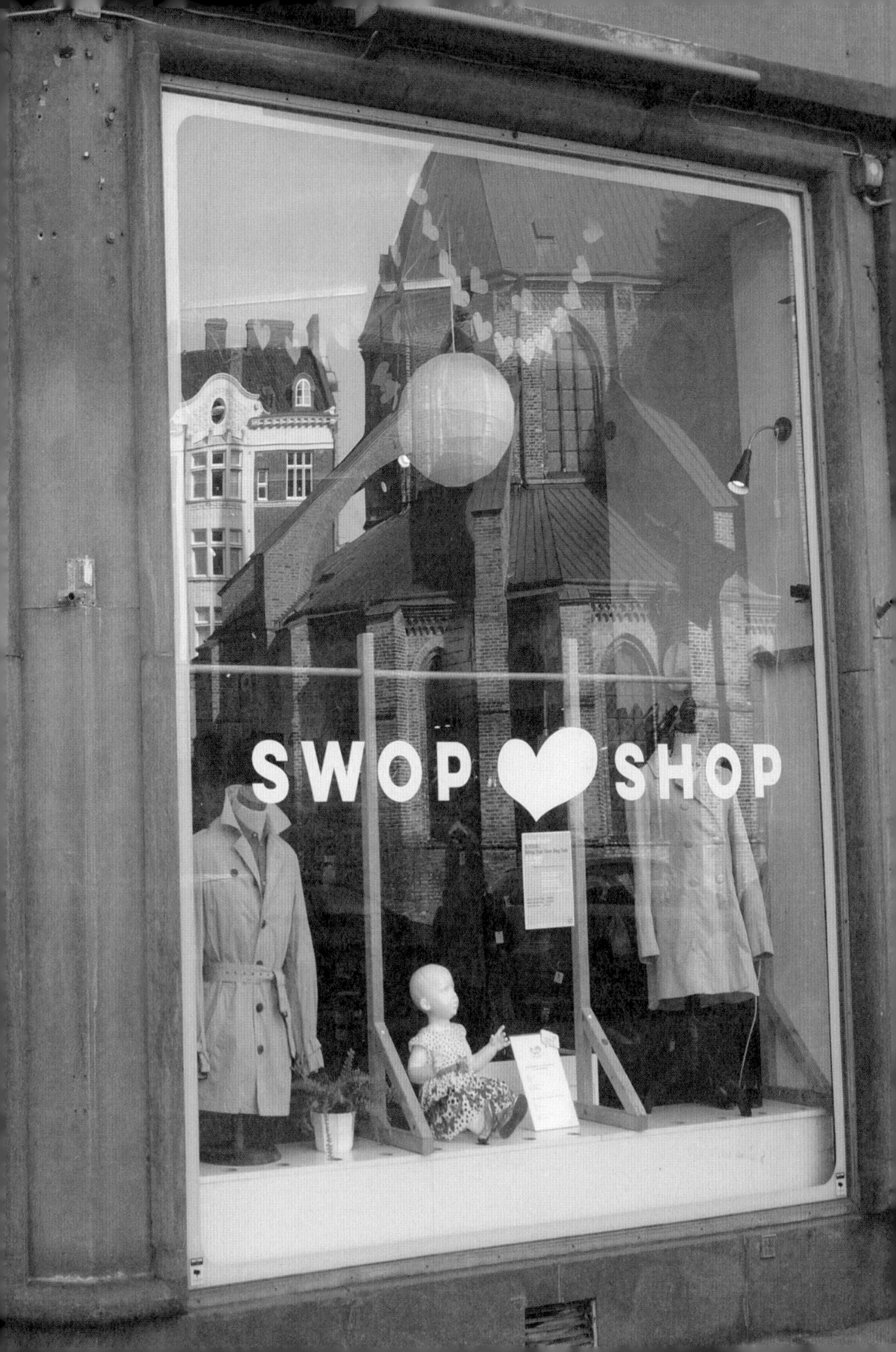
SWOP SHOP

은 모든 것들이 이곳에 전시되고 또 판매됐다. 스웨덴에서 중고의 개념은 '아직 쓸 수 있는 모든 물건'이었다.

중고 물건은 다양한 플랫폼에서 다양한 형태로 판매되었다. 생활용품 중심의 중고 가게부터 빈티지 옷들을 무게를 재서 파는 빈티지 마켓, 한국의 온라인 중고거래 사이트와 같은 온라인 플랫폼까지 무궁무진했다. 그중 인상 깊었던 중고 시장 중 하나는 와인과 함께 하는 빈티지 쇼핑 콘셉트의 'Vinikilo' 마켓이었다. 이 마켓은 한 곳에 고정된 장소를 기반으로 한 형태가 아니라 유럽 여러 도시를 옮겨 다니며 자유롭게 열리는 형태로 운영되었다. 이 마켓은 와인과 DJ, 음악과 빈티지가 어우러진 콘셉트로 진행되었다. 또한 퀄리티 좋은 중고 옷들을 저울에 달아서 kg당 가격을 매기는데 나는 이런 쇼핑은 처음이라 신기하고 즐거웠다. 이곳에서는 모든 중고 의류가 일정 이상의 '품질이 보장된다'는 전제 하에, 브랜드에 상관없이 오직 무게로만 가격이 매겨졌다. 그래서 이곳에 오는 손님들은 브랜드나 가격에 구애받지 않고, 자신의 취향에 맞춰 옷을 구매했다.

물론 중고 물품을 산다는 것은 남이 쓰던 물건을 사는 것이라 꺼려하는 사람들도 있다. 그렇지만 스웨덴에서는 그 이상의 의미가 되고 하나의 문화가 되고 있었다. 이곳 사람들은 단순히 물건을 싸게 사고자 중고를 선택하는 것이 아니라 중고 거래를 일상적인 문화, 트렌드로 생각하고 있었다. 더 많은 사람이 중고 물품의 잠재적 소비자가 되고 중고 시장의 이미지도 새롭게 변하고 있었다. 대형 마트와 같은 형태의 커다란 중고 가게들이 많고 이를 찾는 소비자들도 많았다. 그동안 대안으로 생각되던 중고 물품이 이제는 최선책, 일상 속 문화로 자리잡았다.

합리적인 소비와 떼려야 뗄 수 없는 것이 '플리마켓'이다. 한국에서도 자주 갔었기에 익숙했고, 어디든 여행을 갈 때면 플리마켓이 열리는지 확인하곤 했다. 그래서 스웨덴에 오고 난 후에도 주말마다 집 근처 플리마켓에 들렀다. 처음엔 플리마켓 규모가 꽤 커서 놀랐다. 그리고 도대체이 작은 도시의 플리마켓에 어쩜 이리 다양한 사람들이 모여드는지 신기하기도 했다. 사람들이 내놓는 물건들은 정말 자기가 쓰던 것들이었고, 상업적인 목적으로 물건을 떼오는 사람은 없어 보였다. 더 눈에 띄었던 점은어린아이들이 정말 많다는 것이었다. 엄마, 아빠와 물건을 사러 오는 어린아이들은 물론, 직접 셀러가 되어 물건을 파는 아이들도 많았다.

아이들은 자신이 쓰던 물건을 직접 팔고 또 자신이 쓸 물건들을 고르고 옮기기도 했다. 그 모습을 보고 있자니 절로 웃음이 났다. 언뜻 보면 소꿉놀이를 하는 것처럼 비칠지 몰라도 아이들은 진지하고 신중했다. 이렇게 소비할 때 스스로 판단하고 결정하는 경험을 함으로써 아이들의 소비 개념이 단단해질 것 같다는 생각이 들었다. 아이들은 이런 경험을 통해, 갖고 싶은 물건은 부모님께 떼를 써서 얻어내는 것이 아니라고 생각할 것이다. 자신이 내놓은 물건의 값을 매기고 또 직접 물건을 사고팔면서 좀 더 넓은 의미의 소비를 배우는 것. 내가 쓰던 물건, 더 필요하지 않은 물건도 남에게는돈을 내고 살 만큼 가치 있는 물건이 될 수 있다는 것. 꼭 새것을 사지 않아도 남과 바꿔 쓰고 나눠 쓸 수 있다는 것을 배우는 일이 아이들의 가치관에아주 큰 영향을 줄 것이라 생각했다.

커다란 쇼핑몰과 휘황찬란하게 줄지어 있는 가게들, 새로운 디자인의 새제품을 구매함으로써 트렌드를 따라가라며 소비를 적극적으로 권장하는

광고들, 이런 것들은 하루에도 몇 번씩 우리를 유혹한다. 스웨덴에 살면서 느꼈던 건 스웨덴에는 그런 유혹들만큼 대안적인 소비 방식 또한 손 닿을 만한 거리에 존재한다는 것이다. 물론 이런 대안들이 처음부터 그 자리에 있었던 건 아닐 것이다. 새로운 방식의 소비를 고민하고 대안을 마련하는 사람들이 늘어나면서 더 다양한 선택지가 생겼을 테니 말이다. 굳이 필요하지 않아도 때 되면 뭔가를 사야 할 것 같은 조급함을 버리고 새것을 사는 것 외의 선택에도 눈길을 돌리면서, 나의 소비 습관을 천천히 만들어가는 것도 좋을 것 같다.

스웨덴,
쓰레기를 수입하는 나라?!

한국에 있을 때 우연히 '쓰레기를 수입하는 나라, 스웨덴'이라는
기사를 본 적이 있었다. 당시엔 어리둥절했다. 자국 내의 쓰레기나 유해
쓰레기를 다른 지역, 다른 나라로 수출하는 국가들 이야기만 종종 접했지
'쓰레기 수입'에 대한 이야기는 들어본 적이 없었기 때문이다. 그런데 스웨
덴에서는 무려 쓰레기를 수입한다니…. 대체 왜? 스웨덴은 자국의 쓰레기
가 부족해 노르웨이나 영국 등 다른 나라에서 가연성 쓰레기를 수입한다
고 했다. 스웨덴에 도착해보니 기사 내용은 과장 없는 사실이었다. 스웨덴
은 가연성 쓰레기를 수입하고 있었다. 당시 기사를 보면, 다음과 같이 스웨
덴의 쓰레기 수입에 대해 설명하고 있었다.

> "스웨덴이 쓰레기를 수입하는 이유는 바로 이 쓰레기들을 태워서 지역
> 가구에 난방을 공급하는 시스템 때문이다. 현재는 이 양이 상당해서 약
> 95만 가구에 난방을 공급하는 수준이다."

쓰레기를 어디에 쓰는 걸까 싶었는데, 전체 쓰레기 중 47%는 재활용, 52%
는 지역난방 시설의 연료로 사용, 그리고 1% 정도만 매립지에 묻고 있었
다. 매립이 1%라는 건 땅에 묻는 게 거의 없다는 이야기다. 한국도 재활용
하는 비율이 59%로 굉장히 높은 편이라고 하지만 아직도 쓰레기를 매립하
는 비율은 16%라고 한다. 수도권 매립지 쓰레기 반입 문제 등이 가끔 불거
지는 이유가 이런 이유 때문은 아닐까 싶다.
한국에 있을 때만 해도 당연하게 생각했던 것들이나 달리 해결 방법이 없
지 않나 싶었던 문제들에 대해서 이렇게 새로운 접근 방식이 있다는 것을
알았다. 이곳에선 내가 알고 있는 게 전부는 아니구나 느낄 때가 많았다.
친환경(유기농) 제품은 좋은 만큼 값이 비싸다는 생각은 스웨덴에서 친환경

제품과 일반 물건의 가격 차이가 거의 나지 않는 것을 보면서 깨졌다. 쓰레기 처리 방법 역시 '재활용을 하고도 결국 마지막에 남는 쓰레기는 묻을 수밖에 없다'라는 일반적인 생각 또한 정답이 아니라는 걸 알게 해주었다.

스웨덴에서 쓰레기를 태운다는 이야기를 들었을 때 가장 궁금했던 게 있었다. 쓰레기를 소각할 때 나오는 유독 물질들이 환경에 더 악영향을 끼치지 않을까 하는 것이었다. 걱정했던 것이 무색하게 이곳 시설에서는 소각할 때 나오는 연기를 엄격히 정화해서 유독 물질이 대기 중으로 배출되지 않도록 철저히 관리한다고 했다. 그리고 소각 후 발생하는 유해 물질들은 원래 쓰레기를 수출했던 나라들로 다시 보낸다고 했다. 쓰레기 소각에 대해 철저한 사후 관리까지 하니 나름 공정한 무역이라고 할 수 있었다.
쓰레기 소각에 대해 재활용할 수 있는 자원들을 오히려 없앤다는 논란은 꾸준히 있다. 지금까지 내가 보고 배운 것만 보면 스웨덴은 더 이상 재활용으로 분리할 것이 없을 정도로 마지막 단계까지 철저히 재활용품들을 걸러내고 있었다. 학교에서 에너지 관련 강의를 하는 어떤 교수님은 재활용을 너무 철저히 해서 오히려 난방을 위해 태울 쓰레기가 없는 경우도 있다고 했다. 스웨덴은 인구수가 적어서 이런 방식을 사용할 수 있지만 다른 나라들은 쓰레기를 묻을 수밖에 없다는 이야기들도 있다. 개인적으로는 쓰레기 수입과 재활용에 대한 여러 논란을 떠나서, 쓰레기 문제에 대해 대안적인 접근을 할 수 있고 이러한 방식을 현실에 적용할 수 있다는 것만으로도 큰 의미가 있지 않나 생각했다.

•• 일반 쓰레기 배출 장소.

•• 주거지의 공동 재활용 창고.

쓰레기 소각 발전소.

쓰레기를 태운 열을 이용해 전기를 만든다.

Coloured glass

⚠ Only empty bottles and jars ⚠ No paper or plastic bags ⚠ Remove lids and caps

Yes FOR EXAMPLE

Glass bottles
Glass jars

No FOR EXAMPLE

China, porcelain
Ceramics
Lamps
Oven-safe glass
Window panes
Crystal glass
Drinking glasses
Mirror glass

Colourless glass

⚠ Only empty bottles and jars ⚠ No paper or plastic bags ⚠ Remove lids and caps

Yes FOR EXAMPLE

Glass bottles
Glass jars

No FOR EXAMPLE

China, porcelain
Ceramics
Lamps
Oven-safe glass
Window panes
Crystal glass
Drinking glasses
Mirror glass

재활용 분류 기준표. 각 기준표에 있는 Yes, No로 재활용 가능한 품목을 알 수 있다.

Paper packaging

⚠️ Empty, fold and pack together ⚠️ Remove plastic bags

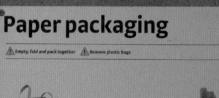

Yes FOR EXAMPLE

Milk packets
Juice packets
Paper carriers
Paper bags
Corrugated board
Egg cartons
Cardboard packaging

No FOR EXAMPLE

Newspapers
Brochures
Envelopes
Office paper

Metal packaging

⚠️ Packages should be empty and dry ⚠️ No paper or plastic bags

Yes FOR EXAMPLE

Conserve cans
Drink cans
Aluminium trays
Metal foil trays
Empty spray-bottles
Tubes
Lids
Bottle caps

No FOR EXAMPLE

Returnable cans
Potato crisps bags
Saucepans
Frying pans
Paint tins (to be left at the environmental station)

스웨덴의 재활용 시스템은 어떻게 운영되고 있을까

쓰레기를 잘 소각하기 위한 첫걸음은 가정에서 하는 분류 배출(재활용)이라고 생각했다. 그래서 스웨덴 생활 초기에는 이곳엔 어떤 특별한 분류 배출 시스템이 있는 걸까 굉장히 궁금했다. 스웨덴은 쓰레기 활용 강국이라는 이야기를 많이 들어서 분류 배출에 아주 특별한 점이 있을 거라는 환상이 있었기 때문이었다.

막상 보니까 재활용 분류 방식이 한국의 방식과 크게 다르지 않았다. 차이점이라면 음식물 쓰레기 봉투와 쓰레기 봉투를 돈 내고 사지 않아도 된다는 점 정도였다. 그리고 병은 색깔이 있는 것과 없는 것으로 분류 배출하게 되어 있었다. 재활용 분류 기준표의 Yes, No 목록을 통해 같은 항목 중에서도 어떤 것들이 재활용이 되는지 안 되는지 더 상세하게 안내되어 있는 것들도 인상적이었다. 뭔가 더 특별한 재활용 분류 시스템을 기대했기에 처음 집 앞의 재활용 창고에 가서는 조금 실망하기도 했었다. 하지만 얼마 지나지 않아 이 실망감을 한 번에 날려준 'Pant'라는 것을 알게 되었다.

어린 시절 공병 모으던 추억이 새록새록, 'Pant'

스웨덴의 Pant 시스템은 어릴 때 공병을 모아 돈으로 바꾸던 공병 보증금 제도와 비슷했다. 이런 재활용 정책이 스웨덴, 덴마크, 노르웨이, 독일 등에서 비슷한 방식으로 운영되고 있었다.

어린 시절 종종 할머니와 함께 빈 병을 잔뜩 모아 슈퍼에 가져가곤 했던 일이 떠올랐다. 낑낑대며 자루 한 가득 빈 병을 가져가면 슈퍼 주인 아저씨는 그걸 돈으로 바꿔줬다. 어린 나에겐 제법 큰돈이었는데 할머니는 수고했다며 과자나 아이스크림, 음료수 같은 걸 사 주셨다. 그 재미에 푹 빠져 길거리를 돌아다닐 때나 친구 집에 놀러갈 때, 빈 병이 없는지 자주 기

웃거렸다. 그 당시엔 '훼미리 주스' 병이 비싸서 그걸 찾으면 횡재한 기분이 들어 신나했다. 요즘도 마트에 빈 술병을 가지고 가면 보증금을 돌려준다고 하지만 어느 순간부터는 병을 반납하는 사람을 많이 보지 못했다. 한국에서는 의무가 아니지만 스웨덴에서는 이것을 아예 'Pant'라고 이름 붙이고 의무적으로 재활용을 시행하고 있었다.

스웨덴에서는 음료수를 살 때 음료수 가격에 더해 보증금(Pant 값)을 내야 했다. 500ml 콜라 가격이 15크로나라면 15크로나(콜라 값)+1크로나(Pant 값)=16크로나를 내야 하는 것. 나중에 빈 콜라 병을 들고 슈퍼에 가면 자신이 냈던 1크로나를 돌려받을 수 있다(1크로나=약 140원). Pant는 모든 페트병과 알루미뉴 캔에 해당되었다.

음료수 포장지에는 Pant로 돌려받을 수 있는 돈이 쓰여 있다. 대개 1.5L 이상 페트병은 2크로나, 그 미만은 1크로나를 환급해 주었다. 적은 돈으로 느껴지지만 여러 개가 차곡차곡 모이니 결코 적지 않았다. 병 여러 개를 모아 한 번에 바꾸러 갔을 때는 내가 이미 냈던 돈이었음에도 마치 돈을 벌러가는 느낌이 든 적도 있었다. Pant로 번 돈은 자투리 용돈처럼 느껴져서 어린 시절처럼 초콜릿이나 과자를 사먹으며 즐거워하기도 했다.

집에서 가까운 마트에 Pant 기계가 있어서 빈 페트병을 바꾸러 갈 때마다 사용했다. Pant 기계는 마트에 거의 설치되어 있어 누구나 편리하게 이용할 수 있었다. 정면의 동그란 구멍에 알루미늄 캔이나 페트병을 넣으면 기계가 바코드를 읽어서 얼마짜리 Pant인지 인식하고 이를 모두 계산하여 바우처 형태로 영수증이 나왔다. 이 영수증으로 해당 마트에서 그 금액만큼 할인을 받아 물건을 살 수 있었다. 만약 현금으로 돌려받고 싶다면 바우처를 마트 카운터에 내면 됐다.

지금은 눈 감고도 할 수 있는 시스템이지만 처음 Pant를 성공하기까진 적지 않은 어려움이 있었다. 첫 Pant를 위해 페트병과 알루미늄 캔을 잔뜩 들고 마트 안에 있는 기계에 가는 것은 성공했다. 그런데 문제는 Pant를 어떻게 해야 할지 도통 몰랐다. 방법을 알려주는 사람도 없었고 Pant 안내도 모두 스웨덴어로 쓰여 있었다. 잠시 고민하다가 페트병 하나를 동그란 입구에 넣어봤더니 기계가 움직이기 시작했다. 신이 나서 가져 온 병을 모두 기계에 넣었다. 그런데 또다른 문제가 있었다. 다 마쳤는데 바우처 출력은 어떻게 하지? 기계에는 노랑과 녹색 단추 2개가 있었는데 무얼 눌러야 할지 몰라서 또 한참을 고민했다. 고민 끝에 녹색 단추를 조심스레 눌렀더니 금액이 적힌 영수증이 나왔다. Pant 첫 도전 성공! 나중에 안 것인데 노란색 버튼을 누르면 그 금액만큼 기부가 된다고 한다. 기부처는 각 기계마다, 마트마다 조금씩 다른데 내가 본 기계에는 Pant를 한 돈만큼 나무를 심고 숲을 조성하는 데 쓰인다는 문구가 쓰여 있었다.

Pant는 간단하진 않지만 흥미로운 시스템이고 스웨덴의 많은 사람들이 이 시스템을 적극 이용하고 있었다. 어렸을 때처럼 나는 이 시스템에 재미를 붙여 한 달에 한 번 여러 개의 캔과 병을 모아 가서 내 나름의 재활용 정산을 했다. 스웨덴에서 Pant를 시행하는 이유는 당연하게도 플라스틱과 알루미늄의 재활용 비율을 높이기 위해서였다. 이 두 가지 자원들은 재활용 효율이 무척 높고 매립을 하게 되면 썩는 시간이 오래 걸리는 것들이다. Pant 덕분인지 스웨덴은 알루미늄 캔이나 페트병의 재활용률이 95%나 된다고 했다.

'빈 병에 선불 보증금을 부과하고 그것을 재활용 기계에 넣어 나중에 돈을 돌려받는' 개념이 누군가에게는 번거롭고 귀찮은 것일 수도 있다. 스웨덴 전국의 마트마다 기계를 설치하고 유지하는데 비용도 많이 들 것이다. 하지만 재활용을 이렇게나 활발히 하려는 스웨덴의 정책적 의지는 높이 평가할 수밖에 없었다. 의무감에 하는 사람도 있겠지만 나처럼 Pant를 일상의 소소한 재미로 느끼는 사람들이 많아지면 재활용에 대한 인식이 더 좋아질 것이다.

스웨덴은 40년 전만 해도 재활용 비율이 35%밖에 되지 않았다고 한다. 다른 나라와 마찬가지로 대다수의 쓰레기를 땅에 매립했다. 이 많은 쓰레기를 어떻게 처리할지 대안적인 방법을 생각한 결과, 쓰레기를 수입하는 나라라는 별칭도 얻었다. 결국 사회 문제들은 어디에 가치를 두느냐에 따라 결과가 달라진다. 우리의 생각과 행동은 미래를 좌우할 만큼 중요하다.

투명한 사회,
투명한 정치를 꿈꾸는 스웨덴

살 떨리는 스웨덴 물가

　　스웨덴에 온 지 얼마 안 돼서 휴대폰이 고장 났다. 한국에 있을 때 독특한 디자인과 색깔에 끌려 어렵사리 중고로 구한 휴대폰이었는데 1년을 채 못 버티다니. 마음이 허탈했다. 처음엔 스웨덴에서 수리를 받을까도 생각했다. 하지만 스웨덴에는 해당 기기를 고쳐줄 수 있는 서비스센터가 없었고 사설 업체에서 수리를 받자니 수리비가 얼마나 나올지 도무지 감이 안 잡혔다. 어쩔 수 없이 새 휴대폰을 사겠다는 마음을 먹고 룬드에서 가장 큰 전자제품 쇼핑몰에 갔다.

쇼핑몰엔 휴대폰이 정말 많았다. 한참이나 둘러본 끝에 겨우 맘에 드는 휴대폰을 발견했다. 며칠간 고장 난 휴대폰 때문에 고생 아닌 고생을 했었는데 새 휴대폰을 사려고 마음 먹으니 금세 기분이 좋아졌다. 하지만 기쁨도 잠시, 큰 돈을 쓴 탓에 다시 확인하려고 영수증을 꼼꼼히 봤다. 계산이 잘못된 것은 없는지, 이걸 제대로 산 게 맞는지 보기 위해서였다.

그러다 그동안 몰랐던 사실을 발견했다. 스웨덴에서는 부가가치세가 무려 25%라는 사실이었다. 부가세가 10%인 한국에 비해 2배가 넘었다. 똑같은 휴대폰이어도 우리나라보다 더 비쌌다. 웬만해선 그냥 한국에서 사는 것이 낫겠다 싶은 생각이 절로 들었다. 나는 그때 처음으로 복지 천국의 이면인 세금 천국 스웨덴을 피부로 실감했다. 이날 소소한 충격 이후 스웨덴의 부가세가 궁금해서 좀 더 찾아보니, 스웨덴에서는 대부분 25%의 부가세가 붙지만 마트에 있는 식료품은 12%, 서적이나 공연, 교통에는 6%라는 예외도 있다는 걸 알게 되었다. 하지만 거의 모든 물건에 25%의 부가세가 붙기 때문에 한국에 비해 저렴한 물건은 별로 없었고 '살 떨린다'는 스웨덴의 높은 물가가 이런 거구나 싶었다.

스웨덴은 부가세는 물론이고 다른 세율도 높다. 나는 스웨덴에 살지만 회

사에 다니지 않아서 소득세가 얼마나 되는지 체감하지 못했다. 스웨덴에서 회사를 다니는 친구들의 이야기를 들어보니 월급에서 적게는 30%, 많게는 50%가 넘는 소득세를 떼간다고 했다. 아르바이트를 하는 사람도 급여의 30%를 세금으로 내야 한다고 하니 한국에선 상상도 못할 만큼 높은 세율이었다. 스웨덴에 비하면 정말 적지만 한국에서 직장에 다닐 때 매달 월급 명세서에 적힌 세금이 너무 많다고 불평을 해댔는데…. 매년 연말정산을 할 때마다 어떻게 하면 세금을 더 환급받을 수 있을까 따져보면서 필요한 서류들을 꼼꼼히 챙겼던 기억이 난다.

스웨덴 사람들은 많은 세금을 어떻게 생각할까

스웨덴의 모든 사람이 세금에 거부감을 가지고 있지도, 그렇다고 무조건 긍정적이라고 말할 순 없을 테지만 적어도 우리가 만난 스웨덴 사람들은 다른 나라 사람들에 비해 세금을 많이 내는 걸 꺼리지 않았다. 오히려 이렇게 높은 세율을 가지고 있음에도 세금 내는 것을 당연하게 생각하는 모습이었다. 어차피 국민으로서 세금 납부를 피할 수 없기 때문에 당연하게 여기는지도 모르겠다.

한 번은 우리 집 이웃 노부부와 함께 스웨덴의 세금에 대해 이야기를 나눈 적이 있었다. 나는 스웨덴에선 이렇게 많은 세금을 내야 하는데 사람들이 싫어하지 않는지 물었는데 노부부는 대부분의 스웨덴 사람들이 세금 내는 것을 당연하게 생각한다고 했다. 내가 낸 세금이 나와 가족, 다른 사람들을 위해 잘 쓰일 것이라는 믿음이 있기 때문이었다.

나도 한국의 납세자로서 세금이 우리 국민들을 위해 쓰인다는 건 잘 안다. 하지만 신문 사회면에 심심치 않게 보이는 부정부패, 세금 낭비 소식을 접할 때면 '내 세금이 엉뚱한 곳에서 줄줄 새지 않나?'라는 의문과 불신이 들기도 했다. 반면 스웨덴 사람들은 정부가 하는 일에 높은 신뢰를 가지고 있다고 하니 두 나라 사이에 왜 이런 차이점이 생기게 됐는지 궁금했다(실제로 스웨덴의 부패 인식 지수 CPI는 2016년 기준 전 세계 4위로, 52위인 한국과 상당한 차이가 있다).

노부부가 이야기하길 스웨덴에서는 부정부패 사건이 잘 생기지 않는다고 했다. 부정부패가 발생하지 않도록 투명한 사회 시스템이 잘 갖춰져 있고 애초에 정치인이 뇌물을 받거나 부정을 저지른다는 건 스웨덴 국민의 상식으로는 상상도 못할 일이라고 했다. 그래서 간혹 비리 사건이 발생했을 때는 그 액수나 정도에 상관없이 법으로 엄격하게 처벌하고 국민에게도 가혹한 질타를 받는다고 했다.

그들이 아직도 기억하는, 과거 스웨덴을 뜨겁게 달궜던 부정부패 스캔들에 대한 이야기이다. 1990년대, 장관이자 총리 후보로 거론되던 한 정치인이 있었는데 공무용 카드로 생필품을 사고 쇼핑하는 부정을 저질렀다. 부정하게 사용했던 돈은 53,000크로나, 한국 돈으로 약 750만 원이었다. 스웨덴 사람들은 어떻게 국민의 세금을 부정하게 사용할 수 있는지, 도덕적으로 흠 있는 사람이 정치를 해도 되는지 강하게 따져 물었다. 그 정치인은 자신의 잘못을 시인하고 대국민 사과를 했지만 국민들은 그녀를 용서하지 않았다. 그는 결국 총리가 되지 못했을 뿐더러 정치 인생에도 오점을 남겼다고 했다.

노부부의 이야기를 들으면서 스웨덴 사람들이 생각하는 청렴의 기준이 생각보다 엄격하다는 걸 알게 되었다. 정도에 상관 없이 부정부패를 저질렀을 때 법과 여론이 단호하게 심판해왔기 때문에 스웨덴이 지금처럼 투명한 사회가 되지 않았나 하는 생각도 들었다. 한두 번 적당히 봐주면 선례가 생겨 기준이 낮아지기 마련일 텐데 그렇지 않은 것이다. 한국도 여러 부정부패가 있었지만, 점점 더 국민의 기준이 까다로워지는 만큼 앞으로도 정치인이 행한 작은 잘못을 잊지 않는다면 지금보다 더 투명하고 믿음이 생기는 사회가 되지 않을까?

특권을 누릴 수 없는 스웨덴 국회의원

스웨덴 사람들은 항상 평등을 사회의 중요한 문제로 여기고 있다. 사회 안에서는 누구 하나 특별한 사람도, 차별 받는 사람도 없어야 한다고 자주 말한다. 내가 만났던 사람들이 한결같이 스웨덴의 가장 큰 장점이자 특징으로 '평등'을 꼽았을 정도로 평등은 중요한 가치관이었다.

TV 방송을 통해 몇 번 보았던 정치인들도 역시 그들 스스로 특권을 갖기보단 국민에게 봉사하는 자세였다. 언젠가 집에서 유튜브 채널을 검색하다가 한 스웨덴 정치인에 관한 영상을 봤다. 스웨덴 국회의원들의 하루하루를 옆에서 보는 것처럼 밀착 취재한 영상이었다. 그들이 하는 일, 정치인으로서 어떤 태도로 일하는지 등을 보여줬는데 지금까지 내가 알던 정치인의 모습과 다른 점이 정말 많아서 신선했다.

그중에서 특히 인상깊었던 건 의회에 출근할 때 자가용 대신 걷거나 자전거를 타고 출근하는 의원이 많았던 점이었다. 비서나 수행원 없이 배낭을 메고 패딩에 면바지 차림으로 걸어서 출근하다니. 내가 한국에서 보아왔던 국회의원들의 모습과는 너무나도 달랐다. 유인물 복사나 우편 발송, 손님 대접을 위한 일은 비서나 다른 사람이 하는 게 익숙한 풍경이었는데 모든 것을 스스로 하는 그들의 모습이 생경했다. 권위 의식이 깃든 면은 찾을 수가 없었다. 의원 사무실에는 업무를 도와주는 비서도 대부분 없다고 들었다. 나는 영상뿐만 아니라 실제로 이런 문화를 경험한 적이 있다. 하루는 우리 부부가 고위 공무원을 만날 기회가 있었는데 그의 사무실은 생각보다 검소했다. 우리에게 내어줄 커피를 직접 뽑아오기도 했다.

또 하나 인상 깊었던 점은 국회의원이 사용하는 공금, 출장비 등의 비용 처리 내역을 누구든 볼 수 있다는 것이었다. 한국도 정부가 하는 일에 따라 정보 공개 시스템을 운영하고 있다는 것을 알고는 있었는데 스웨덴은 오래 전부터 정착된 문화라고 했다. 국회의원뿐 아니라 관공서에서 하는 일이나 문서 등을 언제든 쉽게 열람할 수 있다. 심지어 이웃, 직장 상사, 친척의 정보도 열람 가능했다. 이름, 주소, 연봉, 전화번호 등을 정보 공개 원칙에 따라 찾을 수 있었다. 이 모든 게 투명한 사회를 만들기 위한 것이라지만 다른 사람의 연봉, 주소까지 클릭 몇 번으로 볼 수 있다는 말을 듣자 지나친 알 권리가 아닌가 하는 염려가 들기도 했다. 민감할 수도 있는 나의 정보를 거리낌 없이 공개하는 것은 불안하고 좀 낯선 일이기 때문이다. 하지만 스웨덴에서 정보 공개는 예외가 없었다.

스웨덴 정치인의 영상에서 아직도 기억에 남는 건 국회의원 스스로 "우리는 특권을 누리기 위해 정치를 하는 게 아니라 국민에게 봉사하기 위해 이

일을 하고 있다"고 말했던 부분이었다. 물론 어떤 정치인이든 그런 말은 쉽게 할 수 있다. 그렇지만 이미 나는 스웨덴 국회의원이 특혜를 제공받는 것도 아니고, 부정부패는 꿈도 꿀 수 없는 데다 급여도 일반 근로자에 비해 딱히 얼마 높지도 않다는 걸 알고 있었다. 그런 그들이 자신의 일을 성실하게 하며 저런 말을 하니 믿음이 갈 수밖에 없었다.

나도 세금을 더 내고 싶다

정치인의 일상들, 부정부패에 대한 스웨덴 사람들의 엄격함을 통해 스웨덴의 투명한 정치를 알게 되면서 '아, 이런 사회라면 세금을 더 내도 괜찮겠구나' 싶었다. 많은 세금에 큰 거부감이 없는 스웨덴 사람들의 반응도 의문이 풀렸다.

나는 내가 낸 세금이 엉뚱한 곳에 사용되지 않고 '우리', '나'를 위해 온전히 사용된다면 지금보다 더 많은 세금을 낼 의향이 있다. 세금이 나와 우리 가족 그리고 다른 이웃들을 위해 공정하고 정의롭게 사용된다는 확신이 있다면 왜 이렇게 세금이 많냐며 불평하기보다는 기쁜 마음이 더 앞서 세금을 낼 것 같다.

한국 국민이 원하는 미래의 한국 모습은 '복지 국가'라는 기사를 본 적이 있다. 그렇기 때문에 세금 문제에 있어서도 자신의 것을 흔쾌히 더 내고자 하는 시민들이 꽤 있을 거라고 생각한다. 하지만 복지 국가로 나아가기 위해선 정치가 국민에게 확실한 믿음을 줘야 사람들의 마음도 움직이지 않을까? 부정부패에 대한 엄격한 처벌과 비리를 허락하지 않는 깨끗한 사회 인식, 솔선수범하는 정치인. 이런 투명한 사회라면 서로에 대한 신뢰를 더 깊이 쌓을 수 있을 것이다. 모두가 입을 모아 말하는 복지 국가는 어쩌면 가까운 미래일지도 모른다.

지속 가능한 직장 생활은
정말 가능한 걸까?

나는 한국에서 4년간 회사에 다녔다. 대학생이 가장 가고 싶은 기업 1, 2위로 매년 꼽히는 대기업에서 일했는데 아이러니한 것은 내가 회사에 다녔을 당시 평균 근속연수가 3.3년 정도라는 사실이었다. 그토록 많은 사람이 입사를 갈망하는 회사인데 막상 들어오고 채 4년도 되지 않아 퇴사한다는 건 여러 상황을 내포하는 것 같다. 회사를 그만두는 이유는 저마다 다양하겠지만 내 경우에는 하루하루 들이는 노력과 시간에 비해 정말로 원하는 일을 하기 힘들었다는 점이 컸다. 그 다음으로 힘들었던 이유는 내 생활이 없다는 것이었다. 처음 입사할 때만 해도 잠 못 자고 집 좀 못 가는 게 대수인가 생각했다. 하지만 그런 생활이 기약 없이 이어지고 때로는 예고 없이 일어나니 비로소 왜 사람들이 워크 라이프 밸런스가 중요하다고 하는지 알 수 있었다. 조금만 버티면 괜찮아진다, 열정이 있다면 그게 뭐 그리 힘드냐는 말도 많이 들었다. 왜, 무엇을 위해 버텨야 할까? 일에 열정적이라고 해서 내 개인의 삶이 꼭 착취되어야 할까? 이런 의문과 반감이 동시에 들었다.

사실 내 경험만 가지고 한국에서 회사 생활을 일반화할 수는 없을 것이다. 주변만 보더라도 대기업에 다니는지 중소기업에 다니는지, 사내 문화가 어떤지, 또 어떤 상사와 동료들을 만나는지에 따라 상황은 제각각이었다. 그렇게 서로 다른 회사 생활이었지만, 모두 입을 모아 말하는 공통점은 있었다. 아직도 한국 사회에 만연해 있는 '야근'과 '상하 위계질서'였다. 이는 부정할 수 없는, 누구나 겪어볼 법한 한국 회사 생활의 일면이 아닌가 싶다. 스웨덴에 살면서 야근이 싫어 스웨덴에 왔다는 사람들을 많이 만났는데 그 마음을 너무 잘 이해해서 나도 모르게 그들의 선택을 응원하게 되곤 했다.

노동조합을 만들어보는 건 어때?

　　스웨덴 친구들은 내가 한국에서 했던 회사 생활에 대해 궁금해하
곤 했다. 아마 '한국'이라는 작고도 생소한 나라에 대한 호기심과 TV 프로
그램을 만들었다는 내 특이한 경력에 대한 궁금증 때문이었으리라 짐작해
본다. 스웨덴 사람들은 TV 프로그램이나 연예인에 대한 관심이 한국보다
낮아서인지, 애초에 노동환경에 관심이 더 많아서인지는 몰라도 친구들의
이야기는 항상 내가 왜 그렇게 야근을 많이 했으며 그런 노동 환경에 왜 그
렇게 무덤덤하게 생각했는지에 대해 분노하며 끝나곤 했다. 친구들은 "노
동조합이 없었어?", "한국의 노동조합은 도대체 어떤 역할을 하는 거야?"라
는 질문을 했다. 내가 다녔던 회사는 대기업임에도 노동조합이 없었고, 노
동조합 설립에 대한 큰 요구도 없었다. 지나고 보니 나도 왜 우리 회사에는
노동조합이 없었을까, 노동조합이 없는데 왜 불만이나 궁금증을 가진 사
람이 딱히 없었을까, 아니 당장 나부터가 왜 노동조합을 만들 생각은 해보
지도 않았을까 되돌아보게 되었다.
스웨덴 친구들이 하나같이 입을 모아 노동조합에 관해 묻는 데에는 그럴
만한 이유가 있었다. 스웨덴은 대규모 노동조합이 당연하고, 다양하게 존
재하는 데다가 노조 가입률이 2015년 기준으로 67%에 달할 정도로 굉장
히 높은 편이다. 업종별로 각기 다른 노조가 만들어지고 노조원들은 이 노
조를 통해 고용주들과 임금 인상, 휴가, 복지 혜택을 자유롭게 논의, 합의
하고 있었다. 이런 문화가 자연스레 정착된 스웨덴에서 노동자와 고용주
는 갑과 을의 관계가 아닌, 서로가 원하는 것을 함께 조율해나가야 하는 파
트너인 셈이다. 한국에서 입사 후 해가 바뀔 때마다 새로운 연봉계약서에
사인을 하지만 이건 말만 연봉 '협상'이지 연봉 '통보'에 불과하다고 생각했
다. 나 말고도 다들 이런 생각을 한 번쯤 해봤을 것이다. 노동자 개개인이

참여해서 연봉 인상률을 논의하고 회사의 부당한 처우나 불리한 복지제도가 있다면 즉각적으로 호소할 수 있는 노동조합이 있다는 것, 그런 문화가 '튀는 행동'으로 취급받는 게 아니라 건강하게 자리 잡고 있다는 것은 스웨덴이 왜 노동자들의 천국인지 알 수 있는 첫 번째 단서가 될 것이다.

우리가 회사에서 알게 모르게 당하는 부당한 대우는 어느 순간부터 회사원이라면 모두가 경험하는 과정인, 어쩔 수 없는 것으로 받아들여진다. '우리 때는~'이라는 말을 달고 사는 상사는 후배 직원이 부당한 일을 겪고 있어도 그저 잘리지 않고 자리를 지키는 것에 감사해야 한다며 다그치거나 달래는 데만 치중한다. 회사에 대한 불만은 뒤에서만 말하는 것이고 앞에서 크게 목소리를 내는 사람은 결국 찍혀서 고생한다는 식의, 출처를 알 수 없는 암묵적인 두려움은 '절이 싫으면 중이 떠나야지'란 말만 되뇌게 만든다. 지속 가능한 직장 생활, 건강한 회사 문화를 만들기 위해선 회사와 사원 사이의 거리를 좁혀야 한다. 스스럼없이 소통할 수 있는 자리. 회사의 뒷담화 대신 앞담화를 할 열린 창구가 필요하다.

상사에게 대들 권리?

스웨덴의 평등한 문화는 회사에도 존재한다. 심지어 '상사'라는 개념이 없는 회사들도 꽤 있다. 직급을 나누지 않고 직원들이 평등하게 일하는 문화는 나이, 경력을 떠나 구성원들의 통통 튀는 창의성과 능력을 동일선상에서 발휘할 수 있도록 한다. 이곳도 사람 사는 곳이니 이런 문화에 대해 불만도 있고 부작용도 있을 것이다. 그렇지만 직급과 경력을 무기로 무리한 요구를 아무렇지도 않게 하는 부당한 회사 내 위계질서를 경험해 본 내게는 이런 문화가 더 긍정적으로 다가왔다.

물론 스웨덴 직장에도 '이상한 상사'는 있다. 그 의미가 한국과는 조금 다

를 뿐이다. 스웨덴에서 '상사'는 '경력이 많고 일을 잘해 나에게 지시를 내리거나 내가 뭔가를 배워야 하는 사람'이 아니다. 리더십이 좋고 직원들을 잘 관리할 수 있는 사람이지 그 분야에 있어 항상 더 뛰어나고 경험이 많은 사람은 아니다. 일할 때는 저마다 업무 처리방식이 조금씩 다르기에 서로의 방식을 존중해주어야 하는 것이 기본이고, 상사가 나와 다른 생각을 가졌다고 해도 이는 서로 조율해나갈 일이지 무조건 사원이 상사를 따라갈 필요는 없다고 한다. 곰곰이 생각해보면 당연한 말인데 그동안 우리가 '넵' 문화에 너무 익숙해져 상사의 말에 '아닌 것 같아요'라고 말하는 것을 반항으로 여겼던 것 같다. 한국에서 회사에 다녔을 때 선배들은 내가 "왜요?", "왜 그런 거예요?"라고 말하는 걸 아주 싫어했다. "너 지금 반항하나?"라는 말도 자주 들었다. 그때도 지금도 그런 말을 들어야 했던 상황 자체가 우습다. 후배의 질문을 도발로 받아들이기보다 대화, 소통의 시작이라고 생각하면 어떨까.

소통보다는 지시를, 질문보다는 '넵'을 미덕으로 여기는 위계질서가 강한 문화에서는 있던 의욕도 사라진다. 누군가는 선배님께, 선생님께, 교수님께, 팀장님이나 부장님께 인정받는 것만이 살아남는 길이라고 말할 수도 있다. 그러나 인정받는 방식이 그들의 말에 무조건 수긍하고 나를 굽히는 것이라면 우리는 이 방식 자체를 다시 생각해봐야 한다. 상사에게 인정받는 게 전부라고 얘기하는 사람, 개인의 능력보다 평판을 중시하는 문화. 이것이 바뀌지 않으면 '헬조선'이라는 말도 사라지지 않을 것이다.

스웨덴의 저녁

스웨덴에서 회사에 다니는 한국인들을 만날 때마다 무엇이 가장 좋은지 물어보곤 했다. 보통 먼저 나오는 이야기는 '야근이 없다', '휴가가

길다', '위계질서가 없다', 이 세 가지였다. 나는 한국의 야근과 휴가가 제도
의 문제인 동시에 위계질서가 낳은 비효율과도 연결된다고 생각했다. 시
일 내에 처리해야 할 일이 있어서 야근하는 경우도 있지만, 상사가 집에 가
지 않기 때문에 할 일을 끝냈어도 눈치 보며 제 자리를 지키는 경우도 많기
때문이었다. 휴가 역시 일이 많아서 못 갈 때도 있지만 윗사람의 눈치를 보
느라 마음 편히 쓰지 못할 때가 더 많은 것 같다. 결국은 모두 연결되는 문
제들이다.

스웨덴에서도 어떤 상사를 만나는가, 어떤 분위기의 회사에 다니느냐에
따라 차이는 존재하는데 우리처럼 야근하는 것이 '당연한' 일은 절대 아니
고 눈치 보느라 있는 휴가를 쓰지 못하는 경우는 매우 드물다고 했다.

총 직원이 25명인 스웨덴의 한 건축사무소에 다니는 내 친구는 야근에 대
해서 종종 불평했다. 야근해서 힘들고 그래서 주말에는 너무 피곤하다는
친구의 이야기를 들으며 나도 모르게 과거 내 모습이 떠올랐다. 그래서 야
근 수당을 따로 받는 건지 물어보니 친구 왈, "야근수당은 없어." 그 말을
들은 나는 충격을 받았다. "야근수당이 없다고?" 되물으니 친구는 "대신 다
른 날 적게 일하는 거지"라고 말했다. 이 혼란스러운 대화의 요점은 작은
회사도 철저하게 유연근무제를 적용하고 있다는 것이었다. 물론 회사마다
다르겠지만 스웨덴에서 야근에 시달리는 사람을 많이 보지 못했다.

나는 한국에서도 내로라 할 만큼 극심한 야근에 시달린 사람이었다. 퇴근
후에 있을 내 시간을 마음대로 계획할 수 없다는 점, 스케줄이 너무 유동적
이어서 언제 닥쳐올지 모를 야근 때문에 일 외의 모든 것들을 다음 순위로
미뤄두어야 한다는 점이 가장 큰 스트레스로 다가왔다. 차라리 한 달에 며
칠을 야근하는 날로 미리 정해놓는다면 좋겠다는 생각을 할 정도였다. 이
런 일에 너무 익숙해 있다 보니 이렇게 바라는 것도 점점 소박해졌던 것 아

닐까 싶다. 퇴근 후 매일 주어져야 할 나의 당연한 저녁은 어쩌다 주어져도 감지덕지한 것이 되었다. '저녁이 있는 삶'이라는 캐치프레이즈가 많은 사람에게 울림을 주었던 것은 우리에게 저녁은 이미 빼앗긴 것이기 때문이었을까?

저녁이 있는 삶, 그리고 가족 중심의 문화

'저녁'은 우리에게 어떤 의미일까. 결혼하기 전에는 퇴근 후 나만의 시간을 가지고 여유를 즐기거나 취미활동을 하고 종종 친구들을 만났다. 결혼 후에 저녁은 단순히 나만의 시간이 아닌 가족과 함께 보내는 시간이 되었다. 함께 밥을 먹고 저녁 시간을 보낸다는 건 따듯하고 편안한 시간이기도, 위로의 시간이기도 했다.

스웨덴에서 마트가 가장 붐비는 시간은 4시 30분에서 5시 30분이다. 저녁 준비를 위해 마트를 온 사람들을 둘러보면 아이의 손을 잡은 부모들이 아주 많다. 가만 생각해보면 5시 정시 퇴근을 해야 저녁 식사 준비를 하고 요리해서 느긋하게 밥을 먹을 수 있는 것이다. 한국에서 스웨덴으로 직장을 옮겨 가족과 함께 이민 온 사람들을 보면 바뀐 환경이 가족의 모습을 어떻게 변화시키는지 알 수 있었다. 한국에서는 아빠와 저녁 때 식탁에 함께 앉아본 적이 없다는 초등학생 아이가, 스웨덴에 오고 나서부터 아빠가 직접 장을 봐서 저녁밥을 해주는데 기분이 묘하고 이상하다는 말을 했다. 너무 좋아서 계속 아빠랑 같이 밥을 먹었으면 좋겠다고도 했다. 아이의 저녁 시간에 아빠가 함께하면 분명 더 많은 이야기가 오갈 것이고 더 많은 추억도 만들 것이다. 한두 시간 빨라진 퇴근 시간이 이렇게 가족의 삶을 바꿀 수 있는 게 아닐까?

스웨덴 사람들은 스웨덴의 '가족 중심의 문화'에 대해 항상 강조했다. 그런 말을 들을 때마다 나는 '그러면 한국은 가족 중심의 문화가 존재하지 않나?' 하고 생각하게 됐다. 우리야말로 가족을, 자녀를 중요하게 생각하는 문화를 가지고 있지 않은가. 부모들은 내가 우리 아들딸 때문에 산다, 너희들을 위해 이렇게 열심히 일한다고 말한다. 실제로도 부모님들은 가족의 안정된 삶을 위해 열심히 일하고 있다. 그런데도 가족 간 유대감이 약하다고 느껴진다니 이건 어디서부터 잘못된 걸까? 분명 가족을 위해 일하는데 정작 온 가족이 모여 앉아 저녁 먹을 시간도 없다는 건…. 우리의 저녁은 단순히 '야근이 싫어서' 보장되어야 하는 것이 아니다. 우리의 저녁은 그동안 지켜왔었던 가족의 의미를 퇴색시키지 않고 다시 찾기 위해 보장되어야 한다.

스웨덴의 육아를 책임지는 건
라떼파파?

　　결혼한 지 2년이 되는 우리 부부는 아이를 낳고 키우는 것에 대해 많은 이야기를 나누고 있다. 아이를 낳는다는 게 어떤 의미인지, 우리 삶에 어떤 변화를 불러올지 상상하는 건 그리 어렵지 않았다. 비슷한 나이, 비슷한 상황의 주변 친구들을 보며 여러 번 간접 체험해보았기 때문이다. 물론 아이를 낳고 키우면서 느끼는 행복감이나 가족의 유대감까지 간접 체험해볼 수는 없지만 당장 닥쳐오는 물리적, 환경적 변화들은 확실히 알 수 있었다. 눈에 띄는 변화 중 하나는 회사를 다니던 친구들이 하나 둘씩 육아휴직을 쓰고 집에서 아이와 지내는 모습이었다. 그런데 주변에 길게든 짧게든 육아휴직을 쓰고 있는 친구들 중 아직 남자는 한 명도 없었다.

개인적으로 한국에서 아기를 낳는다는 건 여러모로 두려운 일이다. 이런 나를 본 주변 사람들은 '그러면 스웨덴에서 아이를 낳는 건 어때'라고 말했다. 실제로 스웨덴에 살아 보니 이곳이라면 아이를 낳고 키우는 것이 훨씬 덜 부담스러운 일이 될 것 같았다. 한국에서 아이를 키우기가 두려운 건 여러 가지 이유가 있는데, 그 중 '엄마'가 되면서 포기해야 할지도 모를 나의 커리어와 줄어들 선택지에 대한 것들이 가장 큰 이유였다. 아이를 낳은 후 어린이집에 보내기 전까지의 기간에 휴직을 함으로써 생기는 공백, 휴직하지 않고 일을 하더라도 육아와 병행하긴 버겁지 않을까 하는 걱정, 애 엄마라는 타이틀을 달면서 특정 업무나 승진에서 배제될 수 있다는 두려움이 가장 컸다. 회사를 다니며 그런 이유들로 힘들어 하는 여자 선배들을 많이 봤다. 은연중에 나 또한 결혼을 한다면, 아이를 갖게 된다면 그렇게 될까 싶기도 했다. 한편으로 왜 여자들만 이런 걱정을 더 심각하게 해야 하는지에 대해서도 화가 났다. 이런 염려를 안고 사는 건 나뿐만은 아닐 것이다. 그래서 육아 천국이라고 불리는 스웨덴의 부모들은 어떤 생각을 가지고 있는지, 그동안 TV 등으로 접한 라떼파파들을 정말 만나볼 수 있을지 궁금했다.

라떼파파는 누구인가

'라떼파파'라는 말은 왠지 스웨덴보다 한국에서 더 많이 알려진 것 같다. 라떼파파는 한 손에 라떼를 들고 유모차를 끌며 공원을 산책하거나 장을 보는 스웨덴 아빠들을 가리키는 단어다. 남성만 쓸 수 있는 유급 육아 휴직 기간을 90일로 강제 의무화한 후, 평일 낮에 아이를 유모차에 태우고 한 손에는 커피를 들고 다니는 아버지들이 등장하면서 '라떼파파'라는 단어가 생겨났다고 한다. 라떼까진 모르겠지만 확실히 스웨덴 거리를 걷다 보니 아이를 안고 다니거나 유모차에 태우고 돌아다니는 아빠들을 꽤 볼 수 있었다. 한낮에 수영장에 아기를 데리고 오거나 저녁 장을 보기 위해 아장거리는 아기 손을 잡고 마트를 돌아다니는 아빠들의 모습을 보면 나도 모르게 눈이 가곤 했다.

특히 한국 엄마들의 입장에서 본다면 라떼파파는 놀랍고 때로는 부러운 존재일 수 있다. 이는 라떼파파가 단순히 아이를 데리고 다니는 남자를 가리키는 말이 아니라 잘 제도화된 평등한 육아 휴직 제도를 상징하는 단어이기 때문일 것이다. 간단하게 말하자면 스웨덴에서는 어린 자녀를 둔 부부라면 누구나 부부 합산 총 480일의 유급 육아 휴직을 쓸 수 있다. 480일 중 아빠와 엄마는 각각 최소 90일을 사용해야 하며 390일 동안 월급의 약 80%를 정부에서 지원받는다. 부부가 함께 휴직을 사용할 수 있는 '더블데이dubbeldagar'도 최대 30일까지 허용하고 있다.

또한, 스웨덴의 보육 시설은 맞벌이 가정에 초점이 맞춰져 있다. 엄마와 아빠 모두 경제활동을 하는 경우 그렇지 않은 집보다 아이를 보육 시설에 맡길 수 있는 시간이 늘어난다. 이렇게 스웨덴 정부에서는 국가적 차원에서 여성의 경제활동을 지원, 또 권장하고 있었다. 이렇게 하는 것이 장기적으로론 더 많은 노동력을 확보할 수 있으니 정부 차원에서도 좋고 개개인도 경력 단절될 우려가 없어 좋은 것 같다. 스웨덴에 사는 주변 친구들과 이야기를 해보면 각자 출산에 대한 생각이 다르기는 했지만 적어도 아기 낳는 일로 자기 커리어를 포기해야 한다거나 독박육아에 대해 걱정하는 친구는 거의 없었다. 부부가 함께 대학원에서 공부를 하다 아이를 낳게 되어 휴학한 친구가 있었는데, 이 친구도 혼자 육아의 짐을 지어야 할 상황은 아예 염두에 두고 있지 않았다. 파트너와 어떻게 육아휴직(휴학)을 나누어 쓸지에 대해 의논하는 게 먼저인 모습이었다.

하루는 한국에서 스웨덴으로 온 두 아이의 엄마를 만날 일이 있었다. 한국에서 자란 사람으로서, 동시에 스웨덴에서 아이를 키우고 있는 젊은 엄마로서 느끼는 것은 무엇인지, 여러 가지 궁금한 것들을 여쭤보았다. 스웨덴 학교에서 양성평등 교육이 어떻게 이루어지고 있는지에 대해 이야기를 나누던 중에 그분이 "양성평등은 학교에서도 배우지만 가정에서 엄마와 아빠가 맞벌이로 일하는 모습, 부모가 가사 분담하는 모습을 보고 자연스럽게 익히게 되는 것 같아요."라는 말씀을 하신 게 아직도 마음에 남는다. 가족의 삶 속에 자연스럽게 녹아든 양성평등을 경험하는 스웨덴 아이들은 어떻게 자라날까? 아이가 엄마와 아빠가 동등하게 일하고 함께 가족을 지켜나가는 모습을 보고 자란다는 것 자체가 평등 교육인 동시에 개인의 인식 변화가 시작되는 씨앗이 심어지는 순간이 아닐까 생각했다. 말이 아닌 행동, 일상에서 자연스럽게 보이는 부모의 평등한 관계는 아이가 자라나면서 굳이 의식하지 않아도 당연히 지켜야 할 하나의 가치가 되는 것 아닐까.

이곳에서 라떼파파들을 실제로 마주하면서 호감과 호기심을 동시에 가지게 되었다. 그래서 스웨덴 사람들은 라떼파파를 어떻게 생각할까 궁금해졌다. 정말 라떼파파라는 말을 많이 쓰는지, 라떼파파의 존재에 대해 자부심을 가지고 있을지, 라떼파파 같은 '좋은' 아빠들을 만든 사회에 대해 어떻게 생각할지. 그래서 한동안 틈나는 대로 학과 사람들이나 주변 친구들을 만날 때마다 물어보았다. 그런데 내가 생각했던 것과는 조금은 다른 이야기를 들었다.

"라떼파파? 그건 일종의 힙한(트렌디한) 아빠들을 가리키는 말인데,
사실 라떼마마에 비하면 소수에 불과하지. 아직 호들갑 떨 정도로
많다고 생각하지는 않아."

"부부가 나눠 해야 할 일을 하는 건데 뭐 특별히 좋다 나쁘다 생각하지는
않아. 그저 당연한 건데 예전엔 비교적 제대로 되지 않았던 것뿐이지."

"난 남성의 의무 육아휴직 기간이 90일인 게 턱없이 부족하다고 생각해.
물론 개인의 선택에 달린 문제이긴 하지만 제도가 확실히 정착되기
위해서는 남성, 여성 정확히 반반씩 육아휴직 기간을 나누어 쓰게 하는
것이 맞다고 봐. 사람들의 인식이 완전히 자리 잡히면 다시 개인의 선택과
사정에 맡길지라도 말이야."

막연히 친구들이 라떼파파에 대해 자랑스럽게 생각할 것이라 예상한 것이 머쓱해졌다. 친구들은 하나같이 스웨덴에서 '이상적인' 부모 공동의 육아 시스템이 운영되고 있다고 하기엔 아직 갈 길이 멀다고 말했다. 남성이 여

성보다 육아휴직을 더 많이 쓰거나 정확히 반반을 쓰는 경우가 적고 아직도 육아와 가사노동의 많은 부분을 여성들이 책임지고 있기에 현재 시스템이 완벽하다고 할 수는 없다는 것이었다. 또 스웨덴에서 부모 공동의 평등한 육아 시스템을 더 발전시키기 위해서는 사람들의 인식 개선이 더 적극적으로 이루어져야 한다고 단호히 말하는 친구들도 많았다. 육아란 '당연히 나눠 해야 할 일'이니 남자가 육아휴직을 쓰는 것을 특별하게 생각하는 게 오히려 납득되지 않는 것 같았다. 한국에선 이리저리 눈치 싸움을 하며 치열하게 쟁취해야 할, 아니면 대단하거나 특이하다 여기는 남성의 육아휴직이 이곳에서는 '당연한' 의무이자 권리일 뿐이라는 사실을 다시금 일깨워준 친구의 말에 씁쓸한 마음이 들기도 했다.

90%보다 14%의 스웨덴 아빠들에 주목하다

한국에서 2017년 봄부터 겨울까지 스웨덴 사진작가 요한 배브만의 「스웨덴의 아빠」 사진전이 전국 곳곳에서 열렸다. 이 프로젝트는 6개월 이상 육아휴직을 쓰고 아이와 함께 집에 머물기를 선택한 아빠들의 모습을 찍어 전시한 것이었다. 요한 배브만은 훌륭한 육아휴직 제도와 독특한 보너스 시스템이 잘 갖추어져 있는데도 스웨덴 부모의 14%만이 '평등'하게 육아휴직을 쓰고 있다고 말했다. 그래서 더 평등한 스웨덴 사회를 위해 이 14% 스웨덴 아빠들을 사진으로 남겼고 그들이 어떻게 남들보다 긴 육아휴직을 쓰기로 결정했는지, 그 경험을 통해 어떤 변화를 겪었는지를 사진전으로 알렸다. 그는 스웨덴 아빠들이 얼마나 육아를 '잘'하고 있는지 보다는 14%에 속하지 못한 대다수 스웨덴 아버지들에게 영감을 주려고 이 프로젝트를 시작한 것이었다. 아기가 있는 스웨덴 가정의 남성 약 90%가 육아휴직을 쓴다고 한다. 한국의 경우 전년 대비 크게 늘어 11.3% 정도(2017년 기준)

라고 하니 차이가 너무 크다. 하지만 요한 배브만은 이 90%보다 좀 더 '평등한' 육아휴직을 쓰려고 노력하는 14% 아빠들에 집중했고, 나는 이렇게 '더 나은' 사회를 꿈꾸며 노력하는 소수의 아빠와 그 목소리에 귀 기울이는 사진작가의 이야기에 큰 울림을 받았다.

'애는 당연히 여자가 키워야지', '어디 주변에서 육아휴직 쓰는 남자 봤어? 인사고과 생각해야지', 회사나 나이 많은 어르신들에게 숱하게 들어온 말들이었다. 어느 순간부터는 이런 말들을 못 들은 척하거나 아무렇지 않게 반응하는 것에 익숙해졌다. 점점 나이가 들면서는 결혼, 출산, 육아를 하면 내 커리어는 포기하고 희생해야 한다는 걸 자연스럽게 생각하는 친구들의 모습을 자주 보았다. 그러다 보니 나도 은연중에 일과 육아 둘 중 하나는 포기해야 하나 생각했는지도 모르겠다. 그러나 스웨덴에 와서 마주한 풍경은 너무 달랐기에, 다시금 가족 누군가의 일방적인 희생을 당연하게 받아들여서는 안 된다는 확신이 들었다.

아이를 갖는 순간, 대부분 여성이 커리어와 경력 단절을 걱정하고, 그 걱정이 현실이 되는 것이 답답했다. 부부가 함께 낳는 아기인데 왜 여자들만 육아에 대해 더 부담감을 느껴야 할까? 우리는 '다들 그렇게 산다'는 체념의 말에 익숙해지기보다 '왜?'라는 물음부터 다시 시작해야 하지 않을까 싶다.

엄마, 아빠 그리고 나라가 함께 키우는 아이

우리 부부가 스웨덴으로 떠나 온 사이 한국에서도 육아에 관한 사회적 논의가 더 활발해진 듯했다. 독박육아라는 단어 자체가 여자가 모든 육아를 떠맡는다는 부정적인 뜻으로 굳어졌고 가정에서 남자, 여자의 역할을 나누는 것에 대한 거부감을 표현하는 사람들도 늘어났다. 아직은 작은 움직임이지만 개개인은 서서히 변하고 있는 것 같다. 그에 비해 여전히 남성의 육아휴직 비율이 낮은 것은 일부 고정관념이나 회사 조직의 구태 때문이 아닐까 싶었다. 거기에 잘 갖추어져 있는 듯 보이지만 실제로는 허술한 법적 제도도 한몫하는 것 같았다. 물론 한국 남성이 육아휴직을 사용하고 사용하지 않고의 여부가 육아에 대한 인식과 부부간 평등에 대한 모든 것을 말해주지는 못한다. 그렇지만 나는 적어도 부부가 함께 아이를 돌볼 수 있는 충분한 시간이 주어지는 것 그리고 육아 때문에 직장에서 불이익을 받지 않도록 하는 것, 이 두 가지가 우리의 자연스러운 모습이자 기본적인 권리가 되어야 한다고 생각했다.

아이를 키우는 일은 부모 개개인의 부담을 넘어서 사회가 함께 책임지고 고민해야 할 문제이다. 개인의 '용기 있는' 선택과 '용기 있는' 포기에 기대야 하는 한국의 현실은 여전히 아쉽기만 하다. 이제 낮아지는 출산율, 그 숫자를 이야기하기보다 그것이 의미하는 것, 실제 사람들의 삶을 들여다보아야 하지 않을까.

취미를 넘어 일상 그 자체인
자전거 문화

우리가 사는 스웨덴 룬드는 작은 대학 도시이다. 룬드대학교에서 공부를 하는 교환학생, 대학생, 대학원생, 교직원 등 대학과 관련이 있는 사람들이 많이 살고 있다. 아직 학생 신분이어서 그런지 자전거를 타고 다니는 사람들이 굉장히 많았다. 학생뿐만 아니라 아이를 뒷좌석에 태우고 가는 엄마, 자전거를 이용해 등교하는 어린아이들, 자전거를 타고 돌아다니는 할머니와 할아버지 등 남녀노소를 가리지 않고 자전거를 타고 다니는 모습도 자주 보았다. 얼마 전에는 자전거를 타고 다니는 멋진 경찰관들의 모습을 보고 감탄하기도 했다. 도시 어디서든 자전거 주차장을 쉽게 볼 수 있고 시내 중심가의 도로에서는 자동차보다 더 많이 돌아다니는 자전거들을 볼 수 있는 것도 룬드의 일상적인 모습이었다.

우리 부부 역시 스웨덴 생활을 시작하면서 가장 먼저 한 일 중 하나는 자전거를 사는 것이었다. 스웨덴 교환학생 경험이 있는 아내는 룬드에서 생활하는데 자전거가 필수라며 온라인, 오프라인을 열심히 뒤졌다. 새 자전거 가격이 만만치 않아서 중고로 괜찮은 자전거를 찾아 구매했다.

자전거를 사고 난 뒤, 자전거는 우리 부부에게 없어선 안 될 존재가 되었다. 아침마다 수업이 있는 아내는 비가 오나, 눈이 오나 자전거를 타고 학교에 다녔다. 나 역시 스웨덴어 수업을 들으러 갈 때 자전거를 탔다. 버스는 배차가 뜸했고 목적지까지 걸어가면 시간이 오래 걸렸기 때문이다. 화창한 날씨가 너무 좋아 나들이를 갈 때, 함께 자전거를 타고 교외로 나간 적도 많았다.

한국에 있을 때는 가끔 한강이나 여의도, 뚝섬에 나들이를 가서 한두 시간씩 타거나 동네를 도는 등 취미로 자전거를 탔다. 스웨덴에서는 자전거 타기가 취미를 넘어서 내 생활이 되었다.

룬드 안에서 이용할 수 있는 교통수단에는 자가용과 택시, 버스, 자전거가 있었다. 우선 자가용은 편리하고 시간이 가장 적게 들지만 구매와 유지비용이 많이 들어서 유학생들은 잘 이용하지 않는 편이었다.

두 번째는 택시인데 역시 속도와 편리성에선 높은 점수를 줄 수 있지만 매번 타기에는 비용이 많이 들었다. 룬드 택시는 기본 요금에 더해 1km당 주행 요금이 붙었다. 택시비도 비싸서 아주 가까운 거리를 가더라도 만 원이 훌쩍 넘었다. 또 하나 중요한 사실은 원한다고 아무 데서나 택시를 잡을 수 없다는 것이었다. 서울처럼 도로에 택시가 자주 보이는 게 아니어서 택시를 탈 수 있는 곳도 역 앞, 시내 중심 정도였다. 그래서 특별히 택시를 타야 할 일이 있으면 콜택시를 불러야 했다.

버스는 요금이 3,000원 정도이고 탑승부터 1시간 반 정도 무료 환승이 가능했다. 가격은 상대적으로 저렴하지만 이곳의 버스는 직선 노선이 아니고 도시 이곳저곳을 돌아가는 탓에 시간이 오래 걸렸다. 그래서 가끔 무거운 짐이 있거나 자전거를 두고 다닐 때만 버스를 탔다.

룬드는 자전거를 타면 어디든 30분 안에 닿을 수 있었다. 또 가파른 오르막길이 없고 거의 평지 지형이어서 자전거를 타고 다니는 데 힘들지 않았다. 물론 다른 도시를 오갈 때에는 자동차, 기차를 이용했지만 내가 사는 도시 안에서 돌아다닐 때는 자전거만으로 충분했다.

보행자와 자전거 중심의 교통 문화

스웨덴에 와서 체감했던 문화의 차이는 보행자 중심의 교통 문화였다. 사실 큰 도시일수록, 자동차 통행량이 많은 도시일수록 자동차가 교통 문화의 중심일 수 있다. 여행을 갔던 시드니에서 횡단보도를 건너다가

지나가는 자동차에 클랙슨 폭탄을 맞았던 일, 서울에서 신호가 없는 횡단보도를 건널 때마다 쫓기듯 종종걸음을 했던 일들을 떠올려 보면 보행자는 늘 알아서 차를 피해 다녀야 했다.

하지만 이곳에서는 상황이 반대였다. 보행자가 신호 없는 횡단보도를 건넌다거나 횡단보도를 건너려는 낌새를 조금이라도 보이면 자동차들은 멀리서부터 서행을 하고 횡단보도 앞에서 완전히 정지했다. 나는 아직도 '차조심' 습관이 몸에 배어 있어서 좌우를 살핀 후 횡단보도를 건넜지만 룬드 사람들은 차가 오든 말든 별 신경을 안 쓰고 횡단보도를 건넜다. 운전자가 보행자를 살피고 먼저 정지할 것이라는 믿음이 있기 때문이다.

내가 자주 가는 룬드역 앞은 사람들로 늘 북적거렸다. 역 앞에는 신호 없는 횡단보도가 있는데 때론 이곳을 건너는 행렬이 끊어질 듯 이어지기도 하고 무리를 뒤따라 한 사람이 횡단보도를 건너기도 했다. 하지만 운전자는 도로 좌우에 횡단보도를 건너려는 사람이 한 명도 없을 때 차를 움직였다.

하루는 마트에 가는 길이었다. 당시 나는 이런 보행자 중심 문화를 잘 몰랐기 때문에 횡단보도를 건널까 하다가도 차가 오면 멈춰서 기다렸다. 우리나라에서 그랬던 것처럼 차를 먼저 보내고 횡단보도를 건널 생각이었기 때문이다. 그런데 횡단보도 앞에 서 있는 나를 발견한 자동차가 정지선 앞에서 멈춰 섰다. 나도 멈추고 자동차도 멈춰 있는 어색한 상황이 몇 초간 계속됐다. '어떻게 해야 하지?' 잠깐 고민했는데 여전히 자동차가 움직일 생각을 안 하길래 내가 먼저 횡단보도를 건넜다. 자동차를 기다리게 했나 싶어 괜히 미안한 한편 보행자로서 존중받는다는 느낌이 들어 좋았다.

여기선 보행자가 횡단보도를 아무리 천천히 지나가더라도 클랙슨을 울리며 재촉하거나 옆으로 비켜서 먼저 지나가려는 운전자가 없었다. 느긋하다

고 할까? 작은 도시라서 그런지 운전자들은 급해 보이지 않고 여유가 있어 보였다. 자동차들은 과속을 하지 않고 클랙슨도 잘 사용하지 않았다. 1년 넘게 사는 동안 자동차 경적 소리를 들은 게 5번도 안 되는 것 같았다. 운전자들끼리 얼굴을 붉히며 싸우거나 운전자와 보행자 사이에 시비가 붙어 언성을 높이는 것도 본 적이 없다.

자동차 중심인 한국에서는 끊임없이 나의 안전을 생각하며 '혹시 뒤에서 차가 오나?'라며 눈치를 봤다. 그런데 스웨덴에선 운전자가 보행자를 우선 배려한다는 것을 알게 되니 횡단보도를 건널 때나 자전거를 타고 다닐 때 마음이 편안했고 쫓기는 기분도 들지 않았다.

이곳은 자전거 또한 보행자처럼 생각했다. 그리고 자전거를 타는 사람들은 수신호를 잘 사용했다. 왼팔을 뻗으면 좌회전, 오른팔을 뻗으면 우회전이라는 의미인데, 수신호를 통해 내가 갈 방향이 왼쪽인지 오른쪽인지 알려주면 지나가던 차들도 서행을 하고 자전거를 먼저 보내주었다. 자전거 도로가 잘 갖춰져 있지만 불가피하게 자동차와 자전거가 도로를 함께 사용하게 되는 경우에도 자전거 통행을 우선 존중해주었다. 자전거가 우선시된다고 사람들이 자전거를 난폭하게 타지는 않았다. 오히려 속도를 준수하고 우측통행을 잘 지키며 밤에는 조명을 꼭 달고 타는 모습이었다.

도시에 거미줄처럼 깔린 자전거, 보행자 전용 도로

이곳에는 보행자와 자전거를 위한 전용 도로가 도시 구석구석에 깔려 있다. 시내 중심은 도로가 좁아서 자동차와 자전거가 도로를 함께 쓰지만 중심부를 제외한 나머지 도로는 자전거, 보행자 전용 도로가 존재했다. 자전거를 타고 돌아다니는 데 전혀 불편하지 않고 어디든 마음만 먹으면 쉽게 갈 수 있었다.

** 차도 옆에 있는 보행자와 자전거를 위한 전용 도로.

** 보행자 신호등, 자전거 신호등이 함께 있는 모습.

왼쪽 하단의 사진에서 보이는 세 갈래 길은 모두 자전거와 보행자를 위한 전용 도로다. 이 전용 도로는 시내뿐 아니라 이웃 도시까지 이어져 있어 자전거를 타고 안전하게 다른 도시에 갈 수 있다. 오토바이나 자동차는 지나갈 수 없도록 되어 있다.

스웨덴 횡단보도에는 보행자 신호등뿐 아니라 자전거를 위한 신호등도 함께 있다. 차도 옆에는 대개 자전거와 보행자를 위한 전용 도로가 존재했다. 그런 이유 때문인지는 몰라도 자동차 도로는 넓은 편이 아니었다. 자동차 도로를 보면, 시내 중심과 일반 도로는 왕복 2차선이고 외곽 지역은 넓어야 왕복 3~4차선 정도의 도로이다. 도로가 넓지 않지만 도시의 인구가 적어서 자동차 통행량도 적고 교통 정체도 없었다. 서울에서 살 때는 왕복 10차선이 넘는 도로에 차가 꽉 들어찬 것에도 익숙했는데 룬드의 탁 트인 도로를 바라보고 있으니 한적해보이고 기분이 참 묘했다.

내 집 앞에 주차를 해도 돈을 내야 한다

스웨덴의 다른 도시는 모르겠지만 룬드에서는 자기 집 차고에 주차를 하지 않는 이상 주차장에 주차를 할 땐 돈을 내야 했다. 경우에 따라선 1~2시간 무료, 오후 6시 이후 무료 등 주차료 징수에 예외가 있지만 기본적으로는 주차에 요금을 부과했다. 아파트에 사는 주민도 주차비를 피해갈 수 없어서 자기가 사는 아파트 주차장에 주차를 해도 꼬박꼬박 비용을 내야 한다. 차량이 많아서 주차 공간이 부족하거나 주차난이 있는 상황은 없는데 이런 규칙이 있었다. 주차장의 모습을 잘 살펴보니, 차를 댈만한 곳은 일반적으로 흰 라인이 그려져 있었다. 그곳은 어김없이 유료 주차를 하는 공간이었다. 한국에서처럼 '공터=무료 주차'라는 개념이 스웨덴에서는 없었다.

위 사진은 집 근처 아파트 주차장 사진이다. 주차료는 매일 0~24시까지 항상 부과된다고 쓰여 있다. 월 주차료는 한 달에 4만원 정도다. 주차료가 비싸진 않지만 주차장에 요금을 부과하는 체계는 자동차 소유와 주차 공간 사용에 돈이 아닌 책임을 부과하려는 그들의 인식을 보여주는 것 같았다.

사람들의 편의를 위해서라면 집 앞이나 거리 곳곳에 무료 주차 공간을 마련하는 것이 맞겠지만 스웨덴에서는 차량 통행이 뜸한 공용 주차장도 유료로 운영되고 있었다. 자동차와 환경, 편의에 대한 시각이 우리와 달랐다. 자동차 사용에 비용과 불편함을 부과해 되도록 친환경적인 다른 교통수단을 이용하게끔 유도하는 것이 스웨덴 사람들의 생각이었다.

룬드는 소도시이기 때문에 자전거가 보편적인 교통수단일 수 있다. 이러한 특수성을 고려하더라도 한국에서 비슷한 인구, 면적을 가진 도시와 룬드를 비교해 본다면 기본적인 도로와 교통 체계가 사뭇 달랐다. 한국에서 보행자로서 느꼈던 불편한 점 중 하나는 횡단보도 녹색 신호에서조차 마음이 쫓긴다는 것이었다. 몇 걸음 가면 금세 깜빡이기 시작하는 녹색 신호등에 마음이 늘 초조했다. 종종걸음을 치거나 성큼성큼 뛰어가면 빨간 신호로 바뀌기 전에 건널 수 있었지만 건너는 중에 빨간 신호로 바뀌어서 깜짝 놀랐던 적도 있었다. 한번은 걸음이 불편하신 어르신을 도와드리기 위해 속도를 맞춰 횡단보도를 함께 건넜던 적이 있었다. 그때도 마찬가지였다. 어르신 속도로는 녹색 신호가 켜져 있는 동안 횡단보도를 건너기가 정말 힘들겠다고 생각했다.

서울에서 자전거를 타고 돌아다닐 땐, 마땅한 길이 없어서 인도와 차도를 번갈아 오가기도 했다. 인도로 다닐 때에는 걸어다니는 사람들의 불편한 시선을 받았고 차도에서 자전거를 탈 때에는 자동차들의 경적 소리를 들으며 항상 불안하게 뒤를 돌아봐야 했다. 눈치를 보면서 자전거를 탈 때마다 '자전거 도로가 잘 갖춰져 있으면 좋겠다'는 생각을 항상 하곤 했다. 스웨덴에선 이런 걱정 없이 마음껏 길을 누볐다. 한국에서도 보행자가 좀 더 존중받고 자전거가 사랑 받는 교통수단이 되길 바란다.

일상에서 만나는
스웨덴다움

스웨덴에서 만난
친구들

난생 처음 들어보는 나라에서 온 사람들과 친해지다

　　　스웨덴 생활을 시작하고 4개월이 지날 무렵부터 나는 스웨덴어를
배우기 시작했다. 짧은 여행이었다면 낯선 언어가 설렘과 새로움으로 다
가왔을지도 모르겠지만 여행이 아닌 생활을 하는 입장이 되어보니, 그 나
라의 언어를 모른다는 게 여러 가지로 불편했다. 거리를 돌아다닐 때마다
읽을 수 없는 간판과 안내문에 당황하기도 했고, 슈퍼에 가서 장을 볼 때
스웨덴어를 못 읽어서 물건에 그려진 그림만으로 내용물을 추측하기도 했
다. 그렇게 스웨덴어에 깊은 갈증을 느끼고 있던 찰나, 코뮌(지방자치단체)으
로부터 반가운 메일 한 통을 받았다. 내가 신청했던 스웨덴어 강좌가 곧 시
작하니 다음 주에 콤북스 교육원으로 나오라는 메일이었다. '아, 드디어 스
웨덴어를 배우게 되는구나!' 하는 기대와 설렘에 가슴이 두근거렸다.
스웨덴은 자국에 온 이민자나 외국인들에게 'SFISvenska För Invandrare, Swedish
For Immigrants'라는 무료 스웨덴어 코스를 제공하고 있었다. 외국인이 스웨덴
어를 알아야 스웨덴 사회에 빠르게 적응할 수 있고 일자리를 구하는 데에
도 스웨덴어가 필수기 때문에 이 프로그램이 시작되었다. 다만 SFI는 모든
외국인에게 주어지는 혜택이 아니고 1년 이상 거주 허가를 받은 외국인이
나 이민자에 한해 수강 자격이 주어졌다. 요즘은 SFI의 인기가 좋아서 신
청하고 몇 달씩 기다려야 하는 경우도 있다고 했다. 나는 신청 후, 1~2개월
후에 출석하라는 메일을 받았다.
스웨덴어 코스가 시작하는 날, 설렘과 그만큼의 두려움을 안고 메일에 안
내된 콤북스 교육원으로 갔다. 건물 1층에 있는 큰 규모의 강의실이 내가
공부할 곳이었다. 이른 시간이었음에도 제법 많은 사람이 자리를 채우고
있었다. 조금 뒤, 긴장과 정적이 흐르는 교실에 스웨덴어 선생님이 들어왔
고 선생님은 간단한 자기소개와 수업 안내를 했다. 오리엔테이션이 끝나

고 수강생들이 자기소개를 하는 시간이 주어졌다. 한 사람씩 자리에서 일어나 이름과 국적, 스웨덴에 오게 된 이유 등을 이야기했다. 사람들의 국적은 각자의 생김새만큼이나 다양했다. 내게 익숙한 미국, 영국, 인도, 태국, 대만부터 덜 익숙한 이란, 시리아, 페루까지 있었다. 강의실 한편에는 '에리트레아'라는 처음 들어보는 나라에서 온 친구 두 명도 있었다. 둘은 원래서로 친한 사이인 듯 같이 앉아서 자기들 말로 대화를 주고받았다. 내게는 가장 낯선 나라에서 온 친구들이었다. 그 당시에는 멀게 느껴졌는데 1년 후에 우리는 가장 친한 친구가 되었다.

그 친구들과 언제부터 친해지게 됐는지는 정확히 기억나지 않는다. 낯을 많이 가리고 내향적인 편인 나는 스웨덴어 코스를 시작하고 한참이 지나서도 친구들과 재밌게 수다를 떨지 못했다. 언어의 장벽까지 있었기에 같은 반 친구들과 오가며 간단한 안부나 인사 정도만 주고받았을 뿐, 그 이상의 이야기는 나누지 못했다.

그러다 어느 날 문득, 매일 내 옆자리에 앉는 한 친구가 눈에 들어왔다. 그날따라 무료함을 참지 못했던 나는 쉬는 시간에 그에게 조심스레 다가가 인사를 건네면서 이름을 물었다. 그 친구의 이름은 아벨, 에리트레아에서 왔다고 했다. 순간 에리트레아가 어디에 있는 나라인지 몰라 잠깐 당황했지만 잘 아는 것처럼 고개를 끄덕이며 나는 코리아에서 왔다고 말했다. "남쪽이야, 북쪽이야?"라는 아벨의 물음에 다시 한 번 당황했지만 웃으며 남한이라고 대답했다. 내가 에리트레아를 잘 모르는 것처럼 아벨도 한국을 잘 알지 못할 테니까. 우리는 그렇게 서로 안면을 텄다. 영어와 스웨덴어를 섞어가며 몸짓, 손짓까지 하면서 온몸으로 소통했다. 그렇게 하루, 이틀, 일주일, 한 달이 지나고 우린 교실에서 점점 더 많은 이야기를 나눴다. 오늘의 날씨부터 각자의 취미 생활, 자기 나라 이야기까지.

어느새 다른 에리트레아 친구인 안돔도 같이 친해졌다. 안돔은 우리 셋 중에 가장 적극적이고 외향적이어서 내향적이었던 나와 아벨을 잘 묶어줬다. 우리는 인종과 국적이 달랐지만 학창시절 단짝 친구들처럼 가깝게 지냈고 서로를 챙겨줬다. 가끔 두 친구가 수업에 늦는 날에는 '무슨 일이 있나? 왜 안 오지?' 궁금해하면서 문 쪽을 자꾸 바라봤고, 아침에 교실에 도착해 그 둘과 만날 때면 누구보다 반갑게 인사를 주고받았다.

아벨, 안돔과 친해지면서 난 자연스레 에리트레아에 대해 관심을 갖게 되었다. 에리트레아는 아프리카 동쪽에 위치하고 에티오피아와 이웃한 나라다. 그 친구들은 내 눈에 신기하게 보이는 티그리냐 문자를 종종 알려줬고 에리트레아 사람들이 자주 먹는 전통음식 '인제라'도 소개해줬다. 함께 음식 이야기를 하다가 알게 된 건데, 에리트레아 사람들도 한국처럼 매운 음식과 고추를 좋아한다고 했다. 우리나라와 에리트레아 사이에는 큰 연결고리가 없을 줄 알았는데 그들도 매운 음식을 좋아한다고 하니까 멀게만 보였던 에리트레아에 친밀감이 생기기 시작했다.

아프리카에서 5,280km를 달려 스웨덴에 온 친구들

하루는 쉬는 시간에 두 친구와 수다를 떨다가 각자 스웨덴에 어떻게 오게 되었는지 이야기하게 되었다. 나는 아내가 스웨덴에서 대학원을 다니게 되어서 함께 오게 됐다고, 한국에서 스웨덴까지 15시간 넘게 비행기를 타느라 정말 힘들었다고 했다. 내 얘기를 먼저 하고 두 친구는 어땠는지 이야기를 듣고 싶어서 에리트레아에서 룬드 올 때 비행기는 몇 시간이나 탔냐고 물어봤더니, 안돔은 내 물음에 살짝 미소를 지으며 두 달 정도 걸렸다고 말했다. 두 달? 왜 그렇게 오래 걸렸냐는 물음에 안돔은 자세히 얘기를 이어갔다.

안돔은 에리트레아에서 미디어와 방송학을 전공하며 자신의 꿈을 키우고 있었다. 그러나 대통령의 계속되는 독재, 전체주의, 언론과 인권 탄압이 계속되는 정치적 환경에 좌절했다. 에리트레아에서는 미래를 꿈꿀 수 없었다. 오랜 고민 끝에 나라를 떠나야겠다고 결심했고 새로운 정착지로 에리트레아인이 많이 사는 스웨덴을 선택했다. 항공편을 이용해서 스웨덴에 가려면 비자를 발급받아야 했는데 어려움이 컸기 때문에 많이 험난하지만 더 확실한 방법을 선택했다. 에리트레아에서 스웨덴까지는 5,280km. 그는 도보와 자동차 그리고 기차와 배를 이용해 육로로 스웨덴까지 가기로 한 것이었다. 안돔은 고향에서 리비아까지 오랜 시간 걷거나 차를 얻어 타며 이동했다. 리비아에서 지중해를 건너 이탈리아까지는 배로, 이탈리아에 도착해서는 다시 기차를 타고 독일과 덴마크를 거쳐 스웨덴에 오게 되었다.

아벨도 비슷한 이유로 스웨덴 행을 택했다고 했다. 에리트레아에서 교사로 근무하다가 사회적 현실 때문에 스웨덴에 난민으로 오게 됐다고 했다. 그러면서 자신은 대통령이 바뀌지 않는 한 에리트레아에 갈 수 없고 고국에 있는 가족과 만나는 것도 힘들다고 말했다. 친구들이 스웨덴에 오기까지 얼마나 많은 고생을 했을지, 고국에 마음대로 갈 수 없다는 사실이 얼마나 슬프고 힘든 일일지 나는 가늠조차 되지 않았다. 너무나 담담한 얼굴로 이야기하던 두 친구들, 그들을 떠올릴 때면 지금도 슬프고 안타까운 마음이 든다.

다행스러웠던 점은 스웨덴 정부가 에리트레아의 정치적 상황을 고려해서 두 친구에게 난민 지위를 부여했다는 것이었다. 그들은 스웨덴에서 사회보장번호를 부여받고 SFI 수강 자격을 얻었으며 매달 일정 금액의 수당을 받을 수 있었다. 물론 이들은 정기적으로 관공서에 가서 담당자와 면담을 하며 앞으로의 미래 계획은 어떻게 되는지, 현재 스웨덴어 수업은 빠지지 않고 열심히 참석하고 있는지 등을 보고해야 하는 의무도 있었다. 아벨과 안돔은 스웨덴에서 이렇게 자신의 의무를 행하고 권리를 누리면서 각자의 새로운 인생을 차근차근 준비하고 있었다. SFI를 마치고 대학원까지 공부를 계속하고 싶다는 안돔, 스웨덴어 코스를 마치면 직장을 구해서 얼른 돈을 벌고 싶다는 아벨. 나의 가장 가까운 두 친구의 앞날에 행운이 함께 하길 빌어본다.

행복한 삶을 위한 선택지, 스웨덴

스웨덴어 수업을 처음 듣기 시작했을 때 느꼈던 어색함과 쑥스러움은 시간이 지나자 점차 사라졌다. 또 스웨덴어 실력이 점점 늘면서 같은 반 친구들과 스웨덴어로 대화하는 일도 조금씩 편해졌고, 대화가 자연스러워지니 여러 친구와도 가까워졌다. 이라크에서 온 바쌈과 태국에서 온 바니샤, 시리아에서 온 아흐메드, 미국에서 온 제니퍼…. 이들 말고도 같은 교실에서 공부한 친구들은 스무 명이 넘었다. 그들은 결혼하고 스웨덴에 오거나 자국의 전쟁을 피해 오는 등 저마다 다양한 사연을 가지고 있었다. 내가 있던 교실엔 시리아 친구들이 특히 많았는데 그중 한 친구는 전쟁 때문에 어쩔 수 없이 고향을 떠날 수밖에 없었던 이야기를 들려줬다. 전쟁은 지금도 계속되고 있다. 시리아의 참상은 국제 뉴스나 인터넷을 통해서만 접해서 실감이 잘 안 났는데 같은 반 친구에게 직접 이야기를 듣게 되니 그들이 겪는 전쟁의 비극에 마음이 아팠고 더 공감이 되었다.
사실 모든 사람이 그럴 테지만, 스웨덴에서 만난 친구들 또한 행복한 삶을 살아가기를 바라고 있었다. 국적과 인종, 문화가 달랐지만 모두 그랬다. 어쩔 수 없이 나라를 떠나게 된 친구들도 이곳 스웨덴에서 안정을 찾기를 간절히 원하고 있었다. 스웨덴은 이렇게 행복하고 평화로운 삶을 바라는 이들을 따스하게 환영했다. 이민자 모두를 받아주지는 못하더라도 예전부터 지금까지 이민자, 난민들이 새로운 삶을 시작할 수 있는 터전이 되어주고 있다. 사람들이 스웨덴에 정착하려고 하는 건 인권을 소중히 여기고 개개인의 생각과 선택을 존중하는 문화 때문인 것 같았다. 스웨덴이 가진 이런 삶의 지향점이 지속 가능하기를, 그래서 앞으로도 많은 사람이 스웨덴에서 꿈을 꾸며 행복을 찾을 수 있었으면 한다.

아프면
쉬어야지

고열과 함께 달리기 신기록을 세웠던 날

　　학창 시절, 나는 아무리 아파도 학교는 빠지면 안 된다는 생각이
뿌리 박혀 있었다. 눈이 오나 비가 오나 하루도 빼먹지 않고 학교에 간 건
지금 생각해봐도 놀라운 성실함이었다. 초등학교부터 고등학교까지 12년
동안 아픈 날이 정말 단 하루도 없었는지 돌이켜봤다. 분명 아팠던 날도 있
었다. 그래도 꾹 참고 끙끙대며 기어코 학교에 갔고 종종 조퇴는 했을지언
정 결석은 하지 않았다. 내 컨디션이 자기 의지에 달려 있다는 믿음이 강해
졌던 건 초등학교 4학년 때 있었던 일 때문이었다.

그때는 전날 저녁부터 감기 기운이 있어서 어지럽고 열이 났다. 다음 날 아
침에도 몸 상태가 별로 좋지 않았지만 감기 때문에 학교에 안 간다는 건 내
게는 상상할 수 없는 일이었기에 감기약을 먹고 학교에 갔다. 약 기운 때문
에 몽롱한 상태로 겨우 수업을 들었는데 하필이면 그날 50m 달리기 평가
가 있었다. 체육 시간이 되었는데도 열이 내리지 않고 살짝 어지러운 기분
이 들어 달리기는 힘들 것 같다고 선생님께 말씀드렸는데, 선생님은 오히
려 바람을 맞으면서 달리고 나면 감기가 좀 가라앉을 수도 있을 거라고 하
셨다. 선생님의 말씀에 솔깃했던 나는 달리기 출발선에 섰고 머리가 어지
러웠지만 열심히 달렸다. 결승선을 통과하자 선생님께선 저번 기록을 경
신했다고 알려주셨다. 그러면서 조금 참고 열심히 달리니 좋은 기록이 나
오지 않았냐고 하시며 나를 칭찬하셨다. 그때 그 기억이 너무나 강해서 이
후에 몸이 아프다 해도 웬만하면 꼭 출석했고 심지어 다쳐서 다리가 부러
진 다음 날에도 목발을 짚고 학교에 가서 공부했다. 내가 받은 개근상의 개
수가 늘어갈 때마다 성실하면 다 된다는 나의 믿음도 쌓였다.

그 믿음은 교사가 된 이후에도 계속됐다. 나는 아이들과 한 교실에 있으면
서 감기를 늘 달고 살았는데, 아무래도 좁은 공간 안에서 많은 사람이 함께

지내다 보니 환절기는 물론이고 아이들 사이에서 감기가 유행하기 시작하면 며칠 뒤에 나도 꼭 감기에 걸렸다. 일하면서 병에 걸리거나 몸 상태가 최악이었던 적은 없었지만 하루 쉬면 나을 몸살에 걸렸을 때도 결국 출근해서 아이들을 가르쳤다. 이렇게 무리를 했던 건 우리 교실 아이들은 내가 꼭 돌봐야 한다는 일종의 책임감과 학창 시절부터 시작된 근면성실함, '감기 때문에 학교 결근하겠습니다'라고 말했을 때 분명 어두워질 교감선생님의 표정 때문이었다. 이런 각오 아닌 각오는 나뿐만 아니라 다른 선생님들도 같았다. 내가 학교에서 만난 선생님들은 응급실에 갈 정도로 아프지 않은 이상 컨디션이 좋지 않아도 출근했고, 정규 수업이 다 끝난 후에야 조퇴했다. 교사가 아파서 학교에 나오지 않는다는 건 흔치 않은 일이었다.

스웨덴어 선생님이 별안간 수업 시간에 나오지 않은 이유

스웨덴에서 지금까지 전혀 몰랐던 언어인 스웨덴어를 배우면서 오랜만에 학생으로 돌아간 것 같아 가슴이 뛰었다. 학교에서 만난 세계 여러 나라 친구들과 스웨덴어로 대화하는 것도 즐거웠다. 우리 스웨덴어 선생님은 안돈이라는 이름의 남자 선생님이었다. 안돈은 유쾌하고 유머감각이 뛰어나 학생들에게 인기가 높았고 나에게도 스웨덴어를 즐겁게 공부할 수 있게 동기 부여를 해준 고마운 선생님이었다.

그런데 어느 날, 수업 시작 시간이 됐는데도 선생님이 교실에 오지 않았다. 무슨 일인지 영문도 모른 채 다들 선생님을 기다렸다. 20분 정도 지나자 교육원 직원이 교실에 들어와서는 오늘 수업이 취소됐으니 집으로 돌아가라고 공지를 했다. 선생님이 왜 안 나왔냐고 물었더니 아이가 아파서 선생님이 결근했다고 하는 것이다. 수업 취소라는 말에 예정에 없던 여유가 생겨 기분이 좋기도 했지만 한편으로는 미리 알려주지, 하는 생각도 들었다.

그날 이후 선생님은 휴가를 이틀 더 썼다. 덕분에 나는 사흘간 짧은 방학을 얻어 자유를 누리면서도 '선생님이 이렇게 오래 쉬어도 되나?' 싶었다. 나흘째 되는 날, 안돈 선생님은 다시 출근했는데 그새 무슨 일이 있었냐는 듯 아무렇지 않게 수업을 시작했다. 뭔가 '사흘 동안 자리를 비워서 미안하다'라는 식의 양해를 구하는 말을 할 줄 알았는데 그렇지 않았다. 대신 그동안 자신이 왜 수업에 못 나왔는지 이유를 설명했다.

선생님에겐 어린 자녀들이 있고, 종종 아프거나 감기에 걸린다고 했다. 많이 아플 때는 아이들을 학교에 보내는 대신 집에서 쉬게 한다고. 그럴 때면 아이들이 아직 어려서 엄마든 아빠든 보호자가 한 명은 집에 있어야 한다고 했다. 그래서 엊그제 아이가 아팠을 땐 회사에 나간 아내 대신 자기가 병가를 쓰고 집에서 아이를 돌봤다고 했다. 아내와 번갈아 가면서 병가를 쓰곤 하는데 이번엔 자기 차례였다고 했다. 이유를 들으니 납득이 갔다. 한편으로는 맞벌이 부부가 병가를 이렇게 자유롭고 길게 써도 되는 것, 현실적으로 복리후생이 잘 이뤄지고 있다는 것이 신기했다. 그리고 '무리하지 않는' 스웨덴 사람들을 보고 나도 생각이 조금 달라졌다.

우리 부부는 아직 아이가 없지만 만약 아이가 감기몸살로 아프다고 상상해 봤다. 어린이집이나 유치원에 무리해서 보내는 것보다 집에서 쉬게 하는 편이 훨씬 나을 것이다. 그런데 우리가 맞벌이하는 상황이라면 아픈 아이를 혼자 집에 놔두고 엄마, 아빠 둘 다 회사에 나가는 건 불가능하다고 생각한다. 그렇다고 '아이가 아파서 병가를 쓰겠다'고 윗사람에게 말하는 건 정말 눈치 보이는 일일 것이다. 애가 아프다고 부모가 며칠 동안 병가를 쓰는 게 한국에서 가능하기나 할까? 아픈 아이를 돌보느라 회사에 못 나가게 되면 동료들에게 죄인이 된 것 같은 기분이 들지는 않을까? 일과 아이 사이에서 딜레마에 빠질 수밖에 없는 부모의 마음은 매우 무겁고 힘들 것이다.

내가 아파도 마음대로 쉬기가 어려울 때가 있는데 하물며 아이가 아플 땐 어떻게 보살펴야 하나 걱정부터 하는 우리의 모습이 슬프게 느껴졌다.

느리고 불편한 것 같지만 효율적인 스웨덴식 처방

내가 감기에 걸릴 때마다 우리 엄마는 다른 집 엄마들처럼 "병원은 다녀왔어? 약은 챙겨 먹었고?" 하시며 이번 독감은 오래간다는 둥, 얼른 몸 챙기라고 걱정하시곤 한다. 사실 나는 병원에 잘 안 가는 편이다. 약도 건너뛰기 일쑤이고. 때를 잘 놓쳐서인지 한 달 넘게 콧물을 달고 산다거나 기침으로 시작해서 목감기, 몸살로 순환하는 말 그대로 종합 감기에 걸린 적도 꽤 있었다. 상태가 너무 안 좋아졌을 때가 돼서야 골골대며 병원에 가게 되면 그냥 귀찮더라도 초반에 얼른 병원에 올 걸, 그제서야 후회하기도 하지만 매번 반복되는 일이다.

스웨덴에 살며 몸이 아파서 병원에 갈 일이 있었다. 스웨덴 병원에 처음 갔을 땐 신기해서 여기저기 기웃거리다가 우연히 게시판에 붙어 있는 한 안내문을 발견했다. '감기 예방 수칙'이었는데 감기 예방법이나 재채기 예절, 감기에 걸렸을 때 할 일 등 일반적인 보건 수칙이 적혀 있었다. 하지만 한국과 달랐던 점이 있었다. 감기에 걸린 환자에게 보건소나 병원에 가지 말라고 안내하는 부분이었다. 감기에 걸리면 병원에 가는 대신 집에 머물고 보건소에 전화해서 감기 치료 방법을 상담하라고 했다. 이유인즉슨 감기 환자가 병원에 간다거나 외출하게 되면 다른 사람에게 감기를 옮길 수 있기 때문이라는 것이다. 일리 있는 말인데 아무리 그래도 그렇지, 아픈 사람을 두고 병원에 가지 말라고 하는 건 그간 내 상식으로는 한 번에 받아들여지지 않았다.

한국과 스웨덴의 의료 서비스는 다른 면이 많았다. 그래서 스웨덴에 사는 한국 사람들은 이런 '다름'에서 오는 불편함을 종종 겪는다고 했다. 병원에 가려면 며칠 전에 미리 약속을 잡아야 한다거나 갑자기 아파서 응급실에 갔는데 6시간 넘게 기다려야 했던 사람의 경험담도 들었고, 아이가 열이 나서 병원에 갔는데 아주 심한 고열은 아니니 괜찮다며 그냥 집에서 쉬라고 권유받았다는 얘기도 들었다. 어떤 한국인 친구는 감기로 스웨덴의 한 동네 병원에 갔는데 별로 심한 감기가 아니니 집에서 푹 쉬면서 따뜻한 차를 많이 마시라는 이야기만 들었다고 했다. 엉덩이 주사 한 방과 감기약을 기대했던 친구는 아무것도 안 해준 병원에 조금 황당해하며 집에 돌아와야 했다. 이런 부분에서는 다들 빠르고 편리한 한국의 의료 서비스를 그리워하는 모습이었다.

스웨덴에서 맹장 수술을 받다

한국 의료 서비스가 익숙했던 나이기에, 이런 느리고 불편한 스웨덴 병원 일화를 들으면서 이곳에선 되도록 아프지 말아야지 다짐했었다. 그런데 그 다짐이 무색하게 얼마 지나지 않아 맹장염에 걸려 수술을 받게 되었다. 지금 생각해보면 큰 수술은 아니었지만 당시에는 걱정을 많이 했었다. 한국이었다면 인터넷에 검색만 해도 맹장 수술 후기가 다양하게 나올 테고, 의사, 간호사에게 궁금한 것도 물어보면서 마음의 준비를 하며 안정시킬 수 있었을 텐데 스웨덴에선 그럴 수 없었다. 낯선 병원, 영어로만 의사소통해야 하는 상황. 무엇보다 수술 후에 병원비는 얼마나 나올지가 제일 걱정이었다. 하지만 수술 과정은 한국과 똑같았다. 혈액 검사, 수술 안내 그리고 TV에서만 봤던 누워서 수술실로 들어가는 장면까지. 의사와 간호사가 스웨덴 사람이고 우리가 영어로 대화를 주고받았다는 것만 달랐다.

다행히 맹장 수술은 별문제 없이 끝났다. 나는 수술 다음 날 점심쯤 퇴원했다. 수술을 마치고 2~3일 정도는 입원하겠거니 속으로 생각했었는데 의사는 내 예상보다 빨리 퇴원하라고 진단했다. 어? 진짜 괜찮을까? 의구심이 들었다. 아마 이 정도 수술은 빨리 퇴원해도 몸에 큰 무리가 없다는 게 스웨덴 의사들 생각인 것 같았다. 그래서일까, 수술이 끝나고 병실에 올라오자 간호사가 샌드위치와 포도 주스, 초콜릿을 가져다주었다. 수술하느라 배 많이 고팠을 테니 밥 먹으라는 친절한 설명과 함께. 음식을 맛있게 먹으면서 문득 '한국에선 맹장 수술 후에 금식한다던데 나는 안 해도 되나?'라는 생각이 들기도 했다. 이곳 사람들이 회복력이 좋은 건가 싶기도 했다. 어쨌든 전문가인 그들이 더 잘 알 테니 간호사를 믿고 맛있게 먹었다.

퇴원할 때가 되자 궁금한 게 많았다. 항생제를 타러 병원에 다시 와야 하는지, 수술비는 얼마나 내야 하는지 등. 간호사에게 물어보니 병원엔 다시 안 와도 되고, 병원비는 나중에 고지서가 청구되면 그때 내라고 알려줬다. 병원비를 모두 내고 퇴원하는 한국과 또 다른 모습이었다. 퇴원하고 보름 뒤에 의료비 청구서가 집에 날아왔다. '올 것이 왔구나' 싶어 떨리는 마음으로 봉투를 뜯었다. 그런데 뭔가 이상했다. 청구서가 잘못 온 거 같은데? 하는 생각이 들어서 편지를 몇 번이고 다시 읽었다. 병원비가 200크로나, 한국 돈으로 26,000원 정도 밖에 안 나왔기 때문이다. 그것도 이틀 치 입원 비용만 청구됐고 수술비 청구는 아예 없었다. 너무 이상하다는 생각에 청구서를 보낸 곳으로 전화를 해봤다. 담당 직원은 그 청구 금액이 맞으니 200크로나를 납부하면 된다고 했다. 그의 안내대로 나는 맹장 수술, 입원비로 200크로나만을 납부했다. 이후로 또 다른 의료비 청구서는 오지 않았다.

그 이후에도 여전히 의료 시스템이 어떻게 되는지 궁금해서 정보를 찾아 봤다. 의료보험에 가입되어 있으면 외국인이든 내국인이든 구분 없이 똑 같이 의료 혜택을 받을 수 있다는 사실을 알았다. 병원비를 낼 때 수술비는 따로 없고 진료비는 1년에 최대 1,100크로나(약 14만 원)까지만 낸다는 것, 의 료 예산은 지방정부에서 지원한다는 것 등을 알 수 있었다. 사람들이 받는 보편적인 치료와 건강을 위해 나라에서 많은 예산을 쓰며 책임지는 모습 이었다. 나도 직접 겪게 되니 신기했다.

한국과 스웨덴 둘 다 경험해보니 두 나라의 어딘가 중간쯤 되는 지점이 있 다면 좋겠단 생각이 들었다. 한국 사람이 보기엔 조금은 불편하고 느린 스 웨덴식 처방. 감기같은 작은 병이라도 필요한 상황에서는 적절한 약과 주 사를 통해 더 효율적인 치료를 꾀할 수 있지 않을까? 반면 한국에선 병원 에 가서 쉽게 주사를 맞고 빠르게 약을 받아올 수 있지만 정작 집에서 푹 쉬어야 할 때는 편히 병가를 쓰기 어렵다.
약을 먹고 빨리 나아서 일하러, 공부하러 가는 게 좋은 걸까, 자연스럽게 휴식을 취하면서 낫는 게 좋은 걸까? 우리는 '그냥 좀 쉬어', '아무것도 하지 마'라고 말하는 몸의 신호를 무시한 채 소위 '약발'로 살아가고 있지는 않은 가 생각해본다. 감기처럼 가벼운 병이 찾아왔을 때, 우리 마음속에 병원과 약보다 휴식이 먼저 떠올랐으면 한다. 또한, 눈치 보지 않고 쉴 수 있는 사 회 분위기가 자리 잡았으면 좋겠다.

관심과
오지랖

너 살 빠졌다?

　여느 때처럼 학교에 가서 친구들과 함께 수다를 떨고 있었다. 한참을 얘기하다가 클래스가 달라져서 자주 만나지 못했던 친구와 오랜만에 마주쳤다. 오랜만이라고 인사를 건네려던 차 나도 모르게 "와 너 살 빠졌구나?"라는 말이 튀어나왔다. 한국에서였다면 "살 빠졌구나? 예뻐졌다!"고 말을 더 이어갔을지도 모르겠다. 하지만 '예뻐졌다'는 말은 어쩐지 쉽게 나오지 않았다. 그런 단어를 누군가에게 쓰는 것이 너무 오랜만이라 어색했다. 실제로 친구는 살이 많이 빠진 상태였으며 한층 더 건강하고 보기 좋아 보였다. 그런데 내가 무심코 던진 살 빠졌다는 말에 순간적으로 나와 친구 사이의 분위기가 어색해졌다. 친구는 "어… 어? 아, 나 요즘 조깅을 열심히 했거든!"이라고 웃으며 말했지만 나는 그 찰나의 어색함을 한동안 잊을 수 없었다. 친구는 내 말에 머쓱해진 것도, 기분이 상한 것도 아니었다. 그저 그런 말에는 어떻게 반응해야 할지 모르는 것뿐이었다. 외모에 대해 '예쁘다', '못났다', '살이 쪘다', '살 빠졌다' 이런 말을 해본 적도, 들어본 적도 없는 사람의 반응이었다.

생각해보니 스웨덴에 살면서 남의 외모에 대해 얘기한 적이 거의 없었던 것 같다. 나 스스로 "나 살쪘지?", "나 살 빠지지 않았어?"라는 말을 꺼내본 기억이 없다. 한국에서는 오랜만에 보는 친구들끼리 예의상, 혹은 듣기 좋은 칭찬으로 예뻐졌다, 살 빠졌다고 말하기도 하는데 스웨덴에서는 이런 얘기를 하거나 들은 적이 전혀 없었다. 종종 "너 스웨터 색깔이 정말 예쁘다"거나 "신발이 특이해서 멋지다"라는 말은 들었지만 말이다.

그렇다고 스웨덴 사람들이 칭찬에 인색한 것은 아니었다. 오히려 가끔은 나도 모르는 내 성격의 장점을 찾아내 스스럼없이 말해서 나 자신도 놀랄 정도였다. 그러나 외모에 대한 칭찬(과 험담)에는 유독 인색했다. 생김새에 대해서는 이야기하지 않는데 옷, 액세서리에 대해서는 칭찬을 아끼지 않는 것, 이 둘의 차이 또한 흥미로운 지점이었다.

입고 있는 옷, 하고 다니는 액세서리도 외모의 일종이라 생각하는 사람들도 있지만 타고난 외모와는 조금 다른 측면이 있지 않나 싶었다. 옷이나 액세서리처럼 사람을 치장하는 것은 타고난 외모와는 달리 그 사람의 취향과 안목을 드러내는 물건들이다. 그래서 네가 입은 옷 예쁘다고 칭찬하는 것은 그 사람의 취향이나 안목이 나와 잘 맞고 마음에 든다는 걸 표현하는 것이다. 본연의 생김새에 대해 말하는 것과는 확실히 다르다.

칭찬은 대체로 즐거운 일이지만 누군가가 나의 외모를 유심히 관찰하거나 관심을 두고 이렇다 저렇다고 말하는 순간부터는 평가받았다는 생각에 썩 유쾌하지 않다. 관심이 조금 지나쳐도 오지랖으로 느껴지듯 남의 외모에 대해 말하는 건 아무리 좋은 마음으로 한 '칭찬'이라도 듣는 사람에 따라 기분 나쁜 오지랖이 될 수 있다.

외모에 대한 얘기는 한국에서 흔하게 오가는 인사이고 그래서 한번 화두에 오르면 대립하기도 쉬운 주제인 것 같다. 하루는 '예쁘다'는 말이 성희롱이 될 수 있다는 기사를 본 적이 있다. '칭찬한 건데 왜 그런 식으로 받아들이냐', '과민반응이다'와 '그때그때 상황에 따라 듣는 사람이 불쾌함을 느낄 수 있다', '계속해서 예쁘다, 몸매가 좋다고 하는 것이 추파를 던지는 것과 뭐가 다르냐. 성희롱이 될 수 있다'는 각종 댓글이 있었다. 두 가지 의견 모두 맥락에 따라서 봐야 할 것 같다고 생각했다. 그런데 확실히 성희롱이냐 아니냐를 떠나 남의 외모를 관찰하고 자기 기준에 따라 평가한다는 것, 때로는 뒤에서 남의 외모에 대해 떠드는 건 예의가 아니라고 생각한다. 그것이 칭찬이든 험담이든.

　　명절마다 '취직은 언제 하냐', '결혼은 언제 하냐', '애는 언제 낳냐'
는 친척 어른들의 공격적인 질문에 친구와 약속이 있다며 급히 집을 나서
던 사촌 오빠의 모습을 보며 씁쓸함을 느끼곤 했었다. 관심과 오지랖은 한
끗 차이다. 누군가는 그런 인사 아닌 인사가 자주 못 보는 조카들에게 관심
을 표하는 어른들의 방식이라 말했고, 누군가는 명절마다 반복되는 그들
의 뻔한 질문을 무관심에서 비롯된 것이라 말했다. 무엇이 그들의 진심인
지는 모르겠지만 관심이든 무관심이든 듣는 사람을 불편하게 만드는 질문
자체를 삼가는 것이 좋은 관계를 만드는 기본이 아닐까 생각했다. 진짜 궁
금해서 묻는 것이든 할 말이 없어서 던지는 것이든 듣는 사람의 기분을 생
각하지 않고 던지는 이야기는 배려 없는 오지랖에 지나지 않는다.

스웨덴 사람들이 타인에게 무관심하고 개인주의적인 성향을 가지고 있어
친해지기 어렵다고 말하는 사람들이 많았다. 나도 부분적으로는 공감했
다. 스웨덴 사람들의 첫인상은 보통 친절하고 웃는 모습이지만 사교적이
거나 만나자마자 친근하게 관심을 표하는 경우는 흔치 않다. 하지만 나는
이런 그들의 거리감이 편안했다. 내 사생활에 대해 궁금해하기보다는 같
은 수업을 듣는 친구로서 내가 하는 공부가 뭔지, 내가 뭘 좋아하는지 서로
공유하고 그것에 관해 대화를 나누어가는 방식이 좋았다.

스웨덴에서 내 나이, 결혼 여부, 아이의 유무 등에 대해 친구들에게 말한
건 서로 한참을 알고 지낸 다음이었다. 그러다 보니 재미있는 일들도 많았
다. 대학원에 입학하고 몇 달이 지난 후에 친구들이랑 얘기하다가 "아, 나
어제 남편이랑 거기에 갔는데"라고 말하니 친구들이 깜짝 놀라 "너 남편이
있어? 어디에? 여기에?"라고 물었다. 몇 달을 함께 공부하고 매일 수다를
떨면서도 아무도 나한테 너 남자친구가 있는지, 결혼했는지, 심지어 몇 살

인지도 물어보지 않았고 나도 굳이 사람들이 묻지 않는 걸 스스로 얘기하고 다니지 않았다는 게 새삼 흥미로웠다. 그 이후로도 친구들에게 남자친구, 여자친구가 있는지 일부러 물어서 알게 되는 게 아니라 그냥 자연스럽게 대화하다가 알게 되곤 했다. 학과에는 동성애자인 친구들도 많았는데 이것도 알고 지낸 지 한참이 되고 나서야 대화하다 자연스레 알게 되었다. 이런 점이 익숙해지면서 나도 사람들한테 몇 살이니, 사귀는 사람은 있니, 하는 말을 묻지 않게 되었고 한국에 와서 당연한 인사말로 그런 질문을 받았을 때 너무 어색했다. 굳이 친구들 사생활에 대해 물어보고 얘기하지 않아도 함께 있는 시간은 언제나 즐거웠다. 서로의 취향이나 자기가 요즘 무엇에 관심 있는지만 이야기해도 항상 시간이 모자랄 정도였다. 그러면서 인간관계를 만들어가는 데에 있어 서로의 외모, 사생활, 가족사에 대해 얘기하지 않아도 충분히 가까워질 수 있다는 확신이 들었다. 우리 둘만 아는 비밀 이야기나 남의 험담을 해야 진짜 친구가 된다는 말은 적어도 내 주변에선 통하지 않았다.

역지사지로 생각해보다

그렇다고 스웨덴 사람들이 남에 대해 뒷담화를 아예 하지 않는 것은 아니었다. 스웨덴에도 앞에서는 싫은 소리를 하지 못하는 사람들이 있고 묵은 감정을 후에 남에게 털어놓는 경우도 많았다. 회사에 다니면서, 학교에서 팀 과제를 하면서 자신과 맞지 않는 일 처리 방식이나 불성실한 태도에 대해 친한 친구에게 답답함을 이야기하는 사람들을 많이 보았고 나역시 그랬다. 한 번은 팀 과제 중에 제대로 참여하지 않는 조원을 만나 너무 힘겨워서 스웨덴 친구에게 털어놓은 적이 있었고, 친구는 내 이야기에 공감하면서 정도가 심하면 학과에 아예 보고하라고 조언해주었다. 여러 명이 함께 하는 과제인데 누군가가 자신의 역할을 제대로 하지 않는 건 뒷담화로 끝날 문제가 아니라 원칙을 벗어나는 것이라고 말이다.

자주는 아니지만 스웨덴에서 공부하며, 또 생활하며 내가 겪은 여러 힘든 일들과 인간관계의 어려움을 가까운 친구들에게 털어놓을 일이 있었다. 그러나 나와 관련되지 않은 남의 외모나 사생활에 대해 이야기를 나눌 일은 그리 많지 않았다. 그런 대화를 하는 사람이 주변에 없기도 했고 어쩌다 이야기가 나와도 길게 이어지지 않았다. 다만 나의 힘든 상황, 인간관계의 어려움에 대해 토로하는 것은 한국이나 스웨덴, 어디서든 별반 다르지 않다는 생각이 들었다.

남을 불편하게 하는 이야기란 무엇일까, 또 나는 어떤 말에 불편함을 느낄까? 주변 사람을 배려하고 불편하게 느끼지 않도록 하는 마음은 어떤 형태이든 좋은 것이라고 생각했다. 그리고 타인에 관한 지나친 관심, 뒷이야기 말고도 내 신세를 한탄하는 것도 자발적인 오지랖 같다는 생각도 들었다. 내가 힘든 이야기는 남도 듣기 싫을 것이다. 사실 나조차 내가 그렇게 남을 배려하며 살 수 있을지 확신할 수 없었다. 하지만 입장 바꿔 생각하기 시작하니, 나는 남을 배려하려고 신경 쓰는 것은 물론 나 자신이 어떤 생각을 하고 사는 사람인지도 돌아볼 수 있게 됐다. 요즘은 무엇보다 남의 외모, 사생활에 대해 이야기하지 않으려고 의식적으로 노력하고 있다. 또한 대화하다가 남을 불편하게 했다는 생각이 들면 내 자존심을 세우기보다 바로 사과하려고 한다. '타인'은 나와 다른 존재이기에 이해하기 어려운 동시에 나와 같지 않아서 울림과 깨달음을 주기도 하는 것이 아닐까? 이렇게 나는 스웨덴에 살면서 인간관계에 대해 좀 더 진지하게 생각하게 되었다.

스웨덴 사람들이
행복을 찾는 방식

피카Fika, 하루의 짧은 쉼표가 주는 일상의 여유

　스웨덴은 커피와 인연이 깊다. 1년 중 밤이 길고 추운 날이 많아서 그런지 다들 커피를 많이 마신다(이웃 핀란드, 노르웨이, 덴마크 사람들도 날씨 때문에 커피를 자주 즐긴다). 한국에선 커피를 그리 즐기진 않았지만 스웨덴에서 지내다 보니 저절로 커피를 찾게 되었다. 내가 이곳에서 자주 마신 커피는 필터 커피였다. 한국에서는 카페에 갈 때마다 아메리카노를 마셨고 고소하거나 살짝 산미가 있었는데 스웨덴 커피는 훨씬 더 강렬한 맛이었다. '필터 커피=조금은 밍밍한 커피'로 느끼고 있었던 게 무색해졌다. 스웨덴 필터 커피는 일단 색깔부터 굉장히 진하다. 조금 연하게 먹고 싶어서 커피에 물을 아무리 더 넣어도 강하고 쓴맛이 났다. 커피를 2잔 마신 날에는 카페인 때문인지 밤에 잠을 못 이루기도 했다. 스웨덴에는 스타벅스가 거의 없고(2017년 기준 16개 매장) 현지 커피숍이 대부분이다. 우리 부부 또한 스웨덴 현지 카페들을 좋아하고 새로운 카페를 찾아가는 것을 취미로 삼기도 했었다.
　스웨덴 사람들은 커피를 좋아할 뿐만 아니라 커피 마시는 시간을 조금 특별하게 생각한다. 일명 '피카Fika'라고 해서 티타임을 부르는 스웨덴 말이 따로 있고 누구든, 어디서든 일과 중에 한 번쯤은 친구나 동료, 가족들과 피카를 했다. 피카라는 스웨덴 말은 카페를 거꾸로 발음하면서 만들어졌다고 했다. 새로운 단어를 이렇게 간결하게 만드는 방식은 스웨덴 사람들의 성향과도 이어지는 부분이 있는 것 같았다.
　피카를 할 때, 반드시 커피나 차를 마셔야 하는 것은 아니었다. 각자 취향에 맞는 음료와 디저트를 즐기며 잠시 쉬는 것이 피카였다. 피카를 너무나 사랑하는 스웨덴 사람들 덕분에 우리 부부도 스웨덴에서 지내면서 커피를 많이 마시고 피카를 즐겼다. 새로 알게 된 사람과 아직은 살짝 서먹한 사이일 때, "피카 할래요?" 말을 거는 건 친해지고 싶다는 뜻이기도 했다. 그만큼 스스럼없이 편하게 건넬 수 있는 말이었다. 누군가를 집에 초대하고 싶지만 식사까진 부담스러울 때도 우리 집에 와서 피카하자고 할 수 있다. 우리 부부와 우연히 인연을 맺게 된 이웃의 스웨덴 노부부도 그들이 피카하자고 초대하면서 더 가까워졌다. 그래서 우리도 친구들이랑 더 얘기하고 싶거나 친해지고 싶은 친구가 있으면 카페에서, 집에서 피카를 했다.

집이나 회사, 카페에서 친구, 연인, 가족, 동료와 함께 커피와 달달한 과자, 케이크 등을 먹으며 짧은 휴식을 가지는 시간. 피카가 스웨덴에서 이렇게 널리, 자주 쓰이는 건 아침, 점심, 저녁 식사를 하는 것처럼 피카 시간을 일과에 꼭 집어넣기 때문이었다. 조금 과장해서 말하자면 스웨덴 사람들에게 피카란 일상에서 꼭 지켜져야 하는 소중한 시간이랄까? 볕이 잘 드는 창가 옆, 탁자에 둘러앉아 피카를 하면서 이런저런 이야기를 나누는 사람들. 바쁜 회사 일과 학교 일과 중에 잠시 모여서 따뜻한 커피와 달콤한 디저트를 나누는 이 시간은 긴장과 스트레스로 자신을 조여왔던 일상에서 벗어날 수 있는 순간이다. 그렇게 스웨덴 사람들은 특별한 곳에서 행복을 찾는다기보다 지금 내가 할 수 있는 것, 주변 사람들과 같이할 수 있는 걸 즐기면서 행복과 여유를 만들어 가는 듯 보였다. 어떻게 보면 특별할 것 없는 티타임을 피카라는 그들만의 이름으로 지켜나가는 이유가, 그들의 이런 소소한 행복을 위해서가 아닐까 싶다.

나쁜 날씨는 없다, 나쁜 옷차림만 있을 뿐

스웨덴 날씨는 극과 극이었다. 여름에는 눈이 시릴 정도로 푸른 하늘과 따스하게 내리쬐는 햇볕, 여름이라곤 믿기지 않을 만큼 상쾌한 공기와 밤 9시가 넘어도 적당히 밝은 바깥 풍경까지 즐기고 있자면 '지상 최고의 낙원이 여기구나'라는 생각이 들 정도였다. 반면 7~8월, 짧은 여름이 지나가면 스웨덴 날씨는 돌변했다. 날씨가 점점 나빠지기 시작해서 가을이 시작되는 10월부터 4월 말까지는 우중충한 풍경이 계속되었다.

우리가 살던 룬드는 '스웨덴' 하면 막연히 떠오르는 눈과 얼음, 추운 날씨와는 거리가 좀 있었다. 근처에 있는 바다의 영향 때문에 겨울에도 비교적 포근했다. 오히려 한국의 겨울이 추워지고 있다는 소식에 스웨덴과 한국이 서로 바뀐 건 아닐까 생각할 정도였다. 그런데 문제는 기온만 한국보다 높았지 매일 같이 비가 내리고 구름이 잔뜩 낀다는 것이었다. 종일 어두컴컴한 하늘 때문에 전에는 겪어보지 못한 새로운 답답함을 느꼈다. 무엇보다 해를 볼 수 없다는 게 가장 힘들었다. 구름 때문에 해 구경을 하기도 힘들 뿐더러 고위도 지역이라 낮의 길이도 짧았다. 12월의 룬드는 아침 9시가 넘어서야 창밖이 희끄무레하게 조금 밝아왔고 낮 3시쯤 되면 급속도로 어두워졌다. 낮에는 해가 비치지 않고 밤은 정말 긴 날들, 이런 날씨가 길게는 6개월 동안 계속되었다. 이민자나 외국인 유학생들은 이런 날씨가 익숙하지 않아서 스웨덴 사람들에 비해 더 무기력증을 호소하거나 우울함을 느낀다고 했다. 나도 여태껏 살면서 날씨에는 둔감한 편이라고 생각했는데 그게 아니었다. 스웨덴의 겨울을 경험하며 맑은 날씨와 따뜻한 태양의 소중함을 절절히 느꼈다.

이런 악명 높은 겨울 날씨 때문인지 외국 사람이든 스웨덴 사람이든 할 것 없이 서로 모이기만 하면 오늘의 날씨가 대화 주제가 되곤 했다. '오늘도 비 맞고 자전거 탔어'라거나 '오늘 바람이 엄청 부는데?', '세상에 오늘 해가 떴어! 얼마만이야?'처럼 말이다. 한번은 스웨덴어 수업시간에 선생님이 "여러분이 스웨덴에 살면서 가장 안 좋았던 점은 무엇인가요?"하고 물었는데 외국인 친구들은 주저 없이 날씨를 첫 번째로 꼽았다. 그러면서 자신이 살던 곳의 날씨가 얼마나 좋았는지, 태양이 얼마나 따뜻했는지 등을 이야

기하며 자기 나라 자랑을 늘어놓았다. 스웨덴 날씨에 대한 불평에 선생님은 그래도 스웨덴 여름 날씨가 환상적이라며 반박할 법도 했지만 차분히 듣고 나서 "스웨덴 날씨가 그렇죠 뭐"라고 말하며 미소를 지었다.

우리는 스웨덴에서 두 번의 겨울을 보내며 점점 커지는 귀찮음을 이겨내야 했다. 어딜 나가려고 해도 비가 와서 심란하고 외출하려고 준비를 하다가도 금세 컴컴해지는 밖을 바라보고 "에이, 너무 늦었네. 그냥 집에 있자"고 한 게 수십 번이었다. 우리 부부는 점점 '집돌이, 집순이'가 되어갔다. 처음 스웨덴에 왔던 해 여름엔 매일 수영장에 가고 조깅도 하며 시내에 뭐가 있는지, 쇼핑몰에는 어떤 물건들이 새로 들어왔는지 열심히 돌아다녔는데 겨울이 되자 운동도 쇼핑도 시내 구경도 시들해졌다. 날씨가 정말 결정적이었다. 나는 대부분 스웨덴 사람들도 날씨가 안 좋으면 우리처럼 집에 머물며 지내는 줄 알았는데 그들은 어릴 때부터 이런 날씨에 익숙해서인지 날씨에 크게 구애받지 않으며 씩씩하게 생활하고 있었다. 비가 매일 와도 불평하지 않고 우비와 장화를 갖춰 입고 바깥을 잘만 돌아다니는 것이었다.

궂은 날씨에도 활발하게 활동하는 스웨덴 사람들을 많이 봤지만 그중에서도 특별히 기억에 남는 순간이 있다. 비가 주룩주룩 내리던 어느 날, 트레이닝복 차림으로 비를 맞으면서 조깅을 하고 있는 동네 사람을 봤다. 귀에 이어폰을 꽂고 가쁜 숨을 몰아쉬며 달리는 그를 보며 비를 맞으면서도 운동을 하는 열정에 적잖이 놀랐다. 또 해가 짧아서 한밤중처럼 느껴지는 오후 5시, 우리는 깊은 밤이 되었다고 착각하면서 외출을 포기하곤 했지만 스웨덴 사람들은 해가 떠 있든 밤이 어두워졌든 크게 개의치 않고 취미 활동을 했다. 퇴근하고 수영장에 가거나 댄스 교실에서 춤을 추며 활기차게 하루를 마무리하는 그들의 모습. 땀을 흘리면서 날씨가 주는 스트레스를 날리는지 날씨 따윈 예전부터 무감각해져서 상관없는지 모르겠지만 그들의 활동적인 모습을 보니 나도 덩달아 에너지가 생기는 것 같았다. 학교나 유치원에서도 겨울이라고 해서 실내 수업만 하지 않고 아이들이 스키복 같은 방한복을 챙겨 입고 야외 놀이를 하는 걸 보면서 정말 적극적이구나 싶었다.

스웨덴 사람들은 궂은 날씨를 불평하기보다는 그냥 대수롭지 않은 것으로 받아들이고 살았다. 갑작스러운 비에도 발을 동동거리지 않고 쿨하게 맞는다거나 해가 빨리 져도 자기가 하고 싶은 일을 할 뿐이었다. 그들은 궂은 날씨를 좋다고 애써 거짓으로 긍정하진 않았다. 다만 그들은 받아들이고 적응하며 또 이런 환경을 극복하려는 적극적인 태도로 살아가고 있다. 궂은 날씨에 압도당해 아무것도 하지 않는다면 오히려 더 우울해질지 모른다. 그들의 이런 적극성은 열악한 기후조건을 가진 땅 위에서 오랜 시간 동안 살며 체득한 삶의 지혜가 아닐까, 하는 생각이 들었다.

넘치지도, 모자라지도 않는 삶의 철학

소확행(작지만 확실한 행복), 욜로Yolo, 휘게Hygge, 오캄Au Calme 등 삶에 관한 마음가짐이나 라이프스타일에 관심을 두는 모습들은 그동안 많이 보고 들어왔다. 스웨덴에도 라곰Lagom이라는 스웨덴만의 삶의 태도가 있다. '많지도 적지도 않은 적당한'이라는 뜻이다. 사전적 의미만으로는 그 안에 들어 있는 스웨덴 사람들의 마음과 정신을 온전히 표현하기는 힘들다고 생각한다. 한국의 정情, 한恨을 외국 사람들에게 정확하게 설명하기 어려운 것처럼.

스웨덴 친구들은 라곰이라는 말을 종종 쓰곤 했다. "오늘 날씨 어때?"라고 물으면 "라곰인 것 같은데?"라고 대답했고 "너 컨디션 어때?"라고 물을 때도 라곰, 시험을 보고 나서 "시험 문제 어땠어?" 물어봐도 라곰이라고 대답

219

할 때가 있었다. 라곰은 너무 한쪽으로 치우치지 않았을 때, 이렇지도 저렇지도 않은 적당한 마음이나 상황을 표현하고 싶을 때 언제 어디서나 쓸 수 있는 마법 같은 단어였다. 스웨덴 표현 중에 'Lagom är bäst'라는 말이 있다. 적당한 것이 가장 좋다는 뜻이다. 라곰은 스웨덴 사람들의 일상생활에서 빈번하게 쓰일 뿐 아니라 삶을 대하는 방식 그 자체였다.

밥 먹고 디저트로 먹을 케이크를 몇 조각이나 먹을 건지, 술자리에서 맥주는 얼마나 마실지, 이번 달 쇼핑으로 살 옷의 가짓수를 생각할 때 등 라곰을 염두에 두고 있는 모습들을 많이 봤다. 음식은 배불리 먹으면 좋고 쇼핑은 여유가 있으면 많이 할 수 있는 거 아냐? 싶기도 했는데 스웨덴 사람들은 일상 속에서 언제나 적당히 자제하고 균형을 맞추면서 만족을 느끼고 있었다.

한번은 스웨덴 사람들이랑 함께 저녁을 먹은 적이 있었다. 식탁에는 우리가 즐길 만한 맛있는 음식들이 가득했지만 그 자리에 있던 사람들은 다양한 음식을 조금씩 맛보며 과한 포만감을 느끼기 전에 식사를 마쳤다. 너무 배부르지도 그렇다고 모자라지도 않은 적당한 상태에서 식사를 마무리한 것이다. 이런 식사 문화도 라곰에서 비롯된 것이 아닐까 생각했다.

라곰 문화는 회사에서도 볼 수 있다. 워크 라이프 밸런스가 그 중 하나다. 정해진 근무 시간이 지나면 바로 퇴근하고 웬만해서는 초과 근무를 요구하지 않는 게 너무나 당연한 스웨덴의 회사 문화다. 이것은 라곰이 스웨덴 사람들의 인식뿐 아니라 사회 제도에도 녹아있다는 것을 보여준다. 이런 제도와 문화 덕분에 스웨덴 사람들이 자신만의 삶과 일을 두고 넘치지도 모자라지도 않게 잘 맞춰가면서 살아가는 것 같다. 라곰의 의미를 알아갈수록 학창 시절에 배웠던 '중용'의 가치가 라곰과 비슷한 것 같다는 느낌을 받았다. 이 두 가치 모두 인생 곳곳에서 과잉이나 부족이라는 극단을 피하

고 적당한 균형점을 찾으며 자신만의 행복을 발견하는 방법을 이야기하는
것 같다.

예전엔 '많다, 최고, 크다, 가장' 같은 말들이 나를 사로잡았었다. 하지만 지
금은 'Lagom är bäst'를 가슴 속에 품고 사는 스웨덴 사람들을 알아가며 내
게 더 중요한 가치가 무엇인지 다시금 생각해보게 되었다.

'왜'라는 질문이
불편한가요?

강의 시간에 전과 다른 특이한 과제를 받았다. 국립공원으로 현장학습을 다녀온 다음, 그곳에서 관찰했던 자연 풍광에 대한 개인적인 감상을 창의적으로 표현하라는 것이었다. 개인적인 경험을 비판적으로 분석함으로써 일반적인 인간의 심리를 상상해보라는 의도로 주어진 과제였다. 시나 짧은 산문을 쓰면 되는 과제였기에 간단하다고 생각해서 기분이 좋아졌다. 하지만 친구들은 나와 같은 마음이 아니었나 보다. 한 친구가 손을 들었다.

"이 과제를 해야 하는 이유가 뭐죠? 제가 이 과제를 통해 새롭게 배우게 되는 건 뭔가요?" 간단한 과제라 빨리 끝낼 수 있겠다고 속으로 좋아했던 나 자신이 한심해지는 순간이었다. 교수님이 이 과제를 통해 우리가 생각해보아야 할 것들에 대해 이론적으로 설명하기 시작했다. 교수님은 학생들을 이해시키기 위해 과제 설계에 있어 고려했던 것들, 이 과제를 통해 이루어야 할 학습적 목표에 대해 체계적으로 설명했고 나는 이 모습을 보며 묘한 기분이 들었다. 나는 그동안 '내가 왜 이걸 배워야 하지?', '이런 과제는 왜 내주는 걸까'를 깊이 생각해보거나 의문을 가진 적이 있었나 생각해보았다.

끊이지 않는 '왜'라는 질문

"그건 왜 그렇죠?"라는 질문이 불편할 수 있다. 도발하는 것처럼 들리거나 시비를 건다고 받아들이는 사람도 있을 수 있다. 한국에 있었을 때는 다수가 당연하다고 받아들이는 것에 의심을 품고 질문을 하면 피곤한 사람, 혹은 이상한 사람이 되기도 했다. '왜?'라는 질문을 자주 하는 사람은 따지기 좋아하는 사람, 갈등을 조장하는 사람으로 여겨질 때도 있고 말이다.

한국의 여러 조직이 그런 것처럼 보수적인 곳일수록 '왜'라는 질문은 더욱 금기시되었다. '원래' 그랬던 것, '항상' 그래왔던 것에 '왜'라는 질문을 던지면 돌아오는 대답은 결국 '원래부터 항상 그랬으니 넌 그냥 거기에 따르면 돼' 정도이다. 정말 왜 그런지 궁금해서 묻는 말이든 왜 그런지 답답해서 화를 내는 표현이든 권위에 대한 도전과 관습에 반항하는 것으로 받아들이기 때문이었다.

나 또한 '왜'라는 질문이 불편했다. 스웨덴에 오고 '왜'라는 질문이 반복되면서 서서히 노이로제를 겪을 정도였다. 누군가 한국에 관해 물어볼 때 가볍게 "한국에선 이러이러했어"라고 답하고 나면 항상 "왜 그런 거야?"라는 질문이 따라왔다. 30년 넘게 살아온 내 나라에선 별 생각 없이 당연했던 것들에 '왜?'라는 질문을 던지니 막상 할 말이 없었다. "너는 왜 숨을 쉬니?"라는 질문만큼 막막했다. 어느 순간부터 내가 아무렇지 않게 해왔던 말과 행동들, 내 주변에서 일어났던 일들에 대해 '왜 그런 건지' 자꾸 생각하기 시작했다. 그럴듯한 답을 찾을 때도 있었고 도무지 왜 그런지 알 수 없을 때도 있었다. 또한 모든 행동과 상황들이 '왜' 그런지에 대해 골몰하다 보니 세상엔 '그냥' 일어나는 일은 없다는 생각이 들었다.

스웨덴에 살며 한동안 가장 많이 들었던 질문 중 하나가 "한국 대통령은 왜 탄핵당한 거야?"였다. 어떤 대답을 해도 "그건 또 왜?", "그게 어떻게?" 등의 추가 질문이 계속 이어졌다. 이 질문에 대답하다 보면 어느 순간 한국이란 나라의 역사와 정치구조, 사회의식까지 두루 이야기하게 되었다. 그러면서 근본적으로 나는 내가 평생 살았던 나라에 대해 얼마나 알고 있나, 내가 알고 있는 게 진짜 맞나, 더 공부해야겠다 등 여러 가지로 느낀 바가 많았다. '왜'라는 질문에 대한 개인적인 불편함이 아예 사라진 것은 아니었지

만 그와 동시에 '왜'는 나 자신을 돌아보게 만들고 더 알고 싶게 만드는 힘이 되고 있었다.

프로불편러의 탄생

인터넷 유행어 중 하나인 프로불편러(pro+불편+er). 프로불편러라는 단어를 처음 들었을 때 이런 말이 다 있나 싶으면서도 재미있는 표현이라고 생각했다. 전문적으로 불편한 사람이라니, 어떤 기준인지 모호하지만 스웨덴 사람 중에는 프로불편러가 많지 않을까 싶었다. 원칙을 중요하게 생각하고 평등의 가치를 강조하는 스웨덴 사람들은 평소에도 이 가치에서 벗어나는 상황들에 대해 주저 없이 비판한다. 그들은 또한 친구나 다른 사람을 불편하게 하는 말이나 행동을 하지 않으려고 말 한마디를 할 때도 한 번 더 생각하고 말하는 듯했다. 친구들이 이야기할 때 가장 많이 쓰는 말 중 하나가 "이건 내 개인적인 생각인데"였다. 자신의 의견을 일목요연하게 말하면서도 그것을 절대 일반화시켜 누군가의 마음을 상하게 하고 싶어하지 않는 모습. 이런 그들의 조심스러운 모습에 거리감을 느낀 적도 있었지만, 반대로 섬세한 배려에 감동을 한 일이 더 많았다.

스웨덴에 살며 스스로 프로불편러까진 아니지만 아마(추어)불편러 정도는 되지 않았나 싶다. 프로불편러가 예민하다는 이유로 주로 부정적인 표현으로 쓰이고 있기는 하지만 나는 나 자신을 프로불편러 지망생 정도로 규정하고 싶다. 내 생각에 프로불편러란 어떤 현상이나 상황이 '불편하다' 느끼는 것에서 그치는 것이 아니라 그 불편함을 표현하고 '왜 내가 불편했는지', '그런 불편한 감정은 어디에서 오는 것인지'까지 생각해보는 사람이다. 더 나아가 내가 누군가를 불편하게 만드는 말과 행동을 무의식중에 하고 있지는 않은지 반대로 생각해보는 사람이다.

스웨덴 친구들에게는 딱히 프로불편러에 대해 이야기하지 않았다. 내 친구들은 한 명도 빼놓지 않고 모두 프로불편러였기 때문이다. 뭔가 잘못된 것이 있으면 즉각 손을 들어 이야기하고 '그건 대체 왜?'라는 질문을 하는 것에 스스럼이 없었다. 학교 수업을 들을 때 이런 모습은 더 강했다. 교수가 가르치는 내용에 대해 열심히 필기만 하기보다 '왜 그런지', '어떻게 그렇게 된 것인지'에 대해 끊임없이 질문하고 그 배경을 의심했다. 어떤 때는 이 친구들을 보면서 그들이 어떻게 살아왔는지, 전에는 어떤 방식으로 공부했는지 궁금할 정도였다.

'왜'라는 물음에서 시작하는 교육

어느 날 남편과 스웨덴 교사들을 만나 대화를 나누면서 이런 궁금증이 풀렸다. 그들이 말하는 스웨덴 교육과 사회의 근본정신이 바로 '왜'라고 질문하는 비판의식이었다. 스웨덴 학교에서는 비판적 사고를 강조하고 있고, 끊임없이 의심하며 비판하는 사람들로 이루어진 사회를 건강하게 여긴다고 했다. 그런 분위기이기 때문에 교사부터 내가 '왜' 이것을 가르치는지 제대로 설명할 수밖에 없고, 학생의 성과에 대해 평가를 할 때는 왜 그런 평가를 했는지 구체적으로 써서 학생을 설득할 수 있어야 한다고 했다. 왜 그러한 평가를 하는지, 평가는 어떻게 이루어지는지 설명하고 설득하는 것이 교사의 역할이었다.

동시에 교사는 학생에게 너는 '왜 그렇게' 생각하느냐고 묻는다. 스웨덴 교사들은 다섯 가지 중에 정답 하나를 찾아내는 식이 아니라 어떤 답을 말하든 '왜 그렇게 생각했는지'가 더 중요하다고 말했다. 초등학교의 경우 학생에게 무엇을 만들어라, 이렇게 만들어라 가르치기보다 일단 네가 하고 싶은 대로 시작해보라고 하고 학생이 무언가를 만들어내면 어떤 의도로 왜 그런 것을 만들었는지 꼭 물어본다고 했다. 학생이 나름대로 자기 생각을 잘 설명한다면 결과물의 완성도를 떠나 '스스로 생각해서 한 것이니 잘한 것이다'라고 칭찬한다고 했다. 이런 모습을 보며 그들은 결과보다 과정에 대한 답을 얻기 위해 '왜'를 묻는 건 아닐까 생각했다.

답은 없지만 답을 찾아서

'왜'로 시작하는 대화는 대체로 정답이 없다. 학생들이 '우린 왜 공부해야 하는지', '왜 수학을 배워야만 하는지' 묻는다면 교사 나름의 대답을 내놓으며 설득하려 하겠지만 그 대답에 모든 학생이 설득될 수는 없을 것이다. 답이 없는 대화를 나누며 서로에게 질문하고 대답하고 다시 질문하는 토론 문화가 스웨덴 사회의 기본 모습이다.

그렇다면 답이 없는 토론은 토론으로서 끝나게 되는 것일까? 스웨덴 사회의 장점이자 동시에 단점으로 언급되는 합의 문화가 그 답을 말해줄 것이다. 스웨덴 정치를 보자면, 나라 전체적으로 중요한 정책을 합의하는 데에 5년에서 10년 정도 걸린다고 한다. 모두가 동의하지 않으면 결정을 미루는 합의 문화 때문이었다. 이때 토론은 전체 의견을 모으는 과정에 해당하는 데 다수결로 간단하게 결정하는 것이 아니라 모든 사람의 의견을 하나하나 들어보고 의견을 모아가는 것이었다.

학교에서 비슷한 종류의 팀 과제를 받아 한 번은 스웨덴 친구들과, 다른 한 번은 미국 친구들과 한 적이 있었다. 비슷한 과제인데도 스웨덴 친구들과 할 때 시간이 훨씬 오래 걸렸다. 과제 내용을 모두가 이해했는지 서로서로 확인하고, 각자의 의견도 들어보고, 이견이 있으면 어떻게 할까 조율해가는 시간이 너무 오래 걸렸던 것이다. 그에 반해, 미국 친구들과 과제를 했을 때에는 시작부터 각자 파트를 나눠서 한 부분씩 도맡아 했고 다수가 원하는 방향으로 진행되다 보니 빠른 시간 안에 끝낼 수 있었다. 과제를 하면서는 미국 친구들과 하는 것이 훨씬 효율적이고 여유롭다고 생각했다. 하지만 과제 발표가 끝나고 교수님과의 질문, 답변 시간에 문득 내가 이 과제를 통해 배운 것이 무엇일까 고민하게 되었다. 내가 맡은 부분에 대해서는 막힘 없이 답할 수 있었지만 다른 친구들이 맡았던 부분에 대해서는 아무런 이야기도 보탤 수가 없었기 때문이다. 이런 경험을 하며 과연 시간상으로 '빨리' 하는 것만이 효율적인 것일까, 꼭 그렇지만은 않다고 생각했다.

스웨덴 사람들은 작은 문제라도 소수가 결정하기보다 모두의 의견을 들어보면서 동의하는 과정을 거쳤다. 물론 길어지는 회의, 결론 없는 토론을 답답하고 비효율적이라 여기는 사람들도 있다. 속전속결을 중요하게 생각하는 사람이라면, 또 빠른 결단이 중요하게 여겨지는 사회에서 온 사람이라면 당연히 그렇게 생각할 수밖에 없을 것이다. 하지만 때로는 빠른 결단, 속전속결이 불러오는 부작용도 생각해보아야 한다. 전체적으로 결정하는 데는 느려지지만 빨리 결정하다가 나타나는 부작용과 그것을 수습하는 시간까지 따지면 아예 처음부터 모두의 의견을 들어보고 다양한 결과를 예상해보는 과정을 거치는 것이 나을 수도 있다.

스웨덴 사람들이 생각하는
'원칙'

　　나는 원칙주의자의 반대, 일종의 '변칙주의자'였다. 일주일에 프로그램 한 회차씩 편집, 마감해야 하는 방송 일을 하다 보니 까다로운 원칙을 일일이 지키기보다는 어떻게 하면 이걸 교묘하게 잘 어기면서 빨리 일을 할 수 있을까 잔머리를 굴리는 게 더 중요했다. 규칙은 때에 따라 어겨도 되는 것이었고 때로는 규칙을 어기고 일을 빨리 처리하면 선배들에게 칭찬을 받는 일도 있었다. 원칙을 지키는 사람은 속도가 느리고 능력 없는 사람, 업계의 생태를 모르는 답답하고 융통성 없는 사람으로 여기는 환경에 한동안 익숙했다. 그때는 기존의 원칙을 지키지 않고 빨리 일을 처리하는 것이 우리만의 새로운 원칙이자 철칙이었다.

한국에서는 일상에서도 작은 원칙을 지키는 사람이 되레 바보 취급을 받을 때가 많다. 횡단보도에서 차가 뜸하게 다니면 빨간 불이어도 신호를 기다리지 않고 무단횡단하는 사람이 훨씬 많지 않은가. 다른 사람들도 안 지키는데 나만 꼬박꼬박 지키면 손해 같아서, 시간이 없고 바빠서, 별로 중요하지 않은 사소한 것들이라서 등 다양한 이유로 다들 그렇게 행동한다. 나에게도 그런 경험이 수없이 많았다. 그러나 스웨덴에 살면서는 변칙주의자였던 나의 과거를 떠올리며 '그때는 그럴 수밖에 없었어'라고 변명하기보다는 반성하는 시간이 잦아졌다. '다들 그렇게 하니까 사소한 건 어겨도 괜찮아'에서 '다들 그러니까 원칙은 어떻게든 지켜야 하는 거구나' 하고 자연스레 생각을 전환하게 된 일이 너무 많았다.

　　스웨덴에서 대학원 생활을 하면서 배운 중요한 가치 중 하나는 '원칙을 정확히 알고, 또 지키는 것'이었다. 스웨덴에서 다양한 국적의 사

233

람들과 함께 생활하며 가장 놀랐던 것은 유럽권 친구들 대부분이 교칙을 정확히 인지하고 있다는 것이었다. 한국 학사 시절, 나의 대학 생활을 돌아보면 교칙을 알기는커녕 교칙이 있는지조차 몰랐다. 스웨덴에서 대학원 공부를 시작했을 때 흥미로웠던 부분이 학생회에서 여러 학과를 돌아다니며 학생들의 권리와 교칙에 관해 설명해주며 꼭 확인해보라고 말해주었던 것이었다. 그 당시에는 그냥 별 생각 없이 지나쳤던 입학 과정 중 하나였는데, 학교생활을 하면서 친구들이 '이건 교칙에 어긋나는 것 같다'며 교수님과 학과 코디네이터에게 항의 메일을 보낸다거나, 학과 전체 회의를 만들어 교직원들과 함께 토론하기도 하는 등의 일들을 보면서 깜짝 놀랐다. 이런 일들은 자주 일어났다. 예를 들면 교칙에 '주말은 학사 일정에 포함되지 않는다'라고 했는데 교수가 과제를 하는 시간에 주말도 포함해서 커리큘럼을 짰을 때 친구들은 교칙을 하나하나 짚어가면서 즉각적으로 항의했었다. 한국 친구들에게 이런 이야기를 하면 '그 사람들 참 피곤하게 산다'라거나 '뭘 그렇게까지…'라는 반응이 대다수였다. 사실 처음엔 나도 좋은 게 좋은 거지 뭘 왜 이렇게까지 하나하나 따져야 하나, 그냥 후딱 해치우면 되지 않나, 서로 불편한 상황을 만들지 말고 좋게 넘어가자 생각했다. 하지만 스웨덴에 온 지 2년이 넘는 시간 동안 이런 친구들과 함께 생활하고 여러 일들을 겪고 나니 '아무리 작은 원칙이라도 원칙은 지켜져야 한다'라는 말에 공감하게 되었다. 작은 걸 어기기 시작하면 큰 것도 어기기 쉬워진다. 지킬 건 지켜야겠다는 생각을 하게 된 것이다.

친구들을 보면 학교에서만 그런 게 아니라 스스로 자기 검열을 하면서 규범을 어기지 않으려고 노력하고 있었다. 또 어겼을 때 불이익도 충분히 감수했다. 이들은 '이런 작은 규칙이야 어길 수도 있는 것 아냐?'라고 생각하고 행동하는 순간부터 모두가 영향을 받고 결국 원칙은 아무 쓸모가 없고 무의미해진다는 걸 알고 있었다. 그들에겐 피곤한 게 아니라 당연한 것이었다. 그 모습을 보며 누군가 원칙을 어기는 것에 대해 당당히 목소리를 낸다는 건 쉬워 보이지만 사실 쉽지 않은 일이라는 걸 알게 되었다.

원칙은 사람을 가리지 않는다

우리는 원칙을 지키느냐, 지키지 않았느냐에 대한 판단의 잣대가 사람을 봐가며 적용되는 모습을 자주 보게 된다. 같은 위법 행위를 했는데도 재벌 총수에게는 가벼운 처벌이, 소위 돈 없고 '빽' 없는 평범한 사람에게는 무거운 처벌이 내려졌다는 이야기는 너무 흔하다 못해 익숙하다. 사회적 지위가 높은 누군가는 죄를 짓고도 감옥에서 특별대우를 받으며 지낸다는 이야기를 듣기도 한다. 이런 얘기들이 자주 들려올수록 사회 정의는 어디에 있나, 법과 원칙이 무슨 의미가 있을까 싶었다.
이와는 정반대로 스웨덴에서는 꼼꼼하다 못해 지나친 원칙주의에 대해 걱정하는 사람들이 있었다. 스웨덴 친구들과 정치에 대한 이야기를 나누다 수년간 TV 수신료를 내지 않아 사임한 문화부 장관이 있었다는 이야기를 들었다. 법인카드로 장을 보다 총리 후보에서 낙마한 정치인, 자녀 보육비 지급 신고를 빠뜨려서 낙마한 장관 후보자, 두 잔의 와인을 마시고 음주 운전 후 사임한 장관 등 사례는 다양했다. 친구 중 몇몇은 엄격한 원칙주의로 인해 많은 정치인이 사임하게 되면서 드는 사회적 비용도 상당하다고 말했다. 새로운 선거를 준비하고 투표를 진행하는 데 드는 비용이 만만치 않으니 말이다. 그런데 나는 시간과 비용이 들더라도 언제 어디에서든, 그게 누구든 원칙을 지키며 살아야 한다는 스웨덴 사람들의 믿음 때문에 지금처럼 스웨덴의 정치가 투명하고 신뢰가 유지되는 게 아닐까 생각했다.
내가 다니는 학교에서도 이런 일들이 많았다. 사실 한국에서 학사 과정을 보낼 때는 강의 계획서나 지침서를 한 번도 자세히 읽어본 기억이 없었다. 하지만 스웨덴에 오고 나서는 이런 지침들을 확인하는 것이 습관이 되었다. 사실 한국이든 스웨덴이든 학생들은 학과 원칙에 따라 강의를 듣고 과제를 해야 하며 한 코스를 시작하기 전에는 해당 과목의 개요와 학습 목표, 각 과제를 시작하기 전에는 과제 지침서와 채점 기준을 봐야 할 것이다. 전에는 신경 쓰지 않았던 이 원칙을 스웨덴에 오고 지키게 된 데는 친구들의 영향이 가장 컸다. 과제를 할 때마다 친구들 대부분이 이런 크고 작은 지침들을 꼼꼼히 본다는 걸 알 수 있었다. 또한 이를 지키지 않았을 때 받는 불이익은 본인이 감당해야 한다고 생각하는 친구들이 많았다. 이런 분위기 속에 있다 보니 나 역시 하나하나 확인하는 습관을 들이게 되었다.

물론 학생만 그런 게 아니었다. 교수와 교직원 또한 교칙을 따라야 했다. 법과 도덕을 지키지 않는 정치인들이 시민들에게 비판받고 사임하듯 교수들 또한 교칙에 따르지 않았을 때 학생들의 비판을 피해 갈 수 없었다. 앞서 말한 것처럼 교수가 수업 가이드와 스케줄, 과제 지침을 제대로 제시하지 않았던 경우뿐만 아니라 과제 제출 후 구체적인 피드백을 제때 전달하지 않던 때에도 어김없이 학생들의 항의를 받았다. 교수가 제시하는 방향에 따라 과제를 해야 하는 것이 학생의 의무라면 그 의무를 지킨 학생들에게 정확한 피드백을 주고 더 나은 학습 방향을 제시해야 하는 것이 교수의 의무였다.

학생 개개인의 항의가 무시되는 경우는 없었다. 어떤 식으로든 교수에게서 대답을 받았고 여러 명의 의견이 모일 때는 학과 전체가 함께하는 피드백 세션이 열리기도 했다. 교수가 학생의 학문적 오류를 지적하고 성적으로 점수를 매기듯이 학생 또한 강의의 질과 과제의 짜임새에 대해 평가할 수 있었다. 물론 이것은 평등한 교수-학생의 관계가 보장되기에 가능한 일들이었다.

학교에서의 이런 원칙은 표절 시비를 가릴 때 더 명확했다. 꼭 스웨덴이 아니더라도 학문을 연구하거나 창작을 하는 사람이라면 출처 없는 자료, 근거 없는 주장에 민감할 수밖에 없고 남의 것을 가져다 쓰는 것에 대해 가볍게 생각할 수 없다. 스웨덴에서는 표절에 대해 특히 더 민감한데, 나도 대학원에 들어가자마자 정보의 출처와 표절에 대해 워낙 철저하게, 또 반복해서 배우다 보니 나중에는 출처를 확인하는 것이 습관이 되었다. 스웨덴에서는 고등학교에서도 졸업논문을 쓰기 때문에 고등학교 1학년 때부터 정보 교육을 받는다고 한다. 어떤 정보를 써야 할지, 어떻게 기존의 정보를 잘 이용해서 나만의 문장을 만들어내고 그 문장들로 내 주장을 보강할지, 또 정확한 출처를 어떻게 기록하고 첨부하는지 배우면서 완성도 높은 논문을 쓰기 위한 준비를 한다고 했다.

그동안 숱하게 써온 엉터리 발표 자료들이 부끄러워지는 순간들이었다. 동시에 블로그에 스웨덴 유학 생활에 관해 글을 쓰면서 우리 부부의 글을 교묘하게 짜깁기해 올렸던 사람도 생각났다. 한국도 점점 표절에 민감해지고 있다지만 좀 더 엄격해질 필요가 있다. 정보가 넘쳐나는 세상에서 좋은 정보를 잘 사용하는 것도 중요하지만 항시 표절에 민감한 사람이 되는 것도 그만큼 중요하지 않을까 생각하게 되었다.

양심을 지키고 나 스스로 엄격해지기

원칙을 지키는 사람들은 보통 스스로에게도 엄격하다. 이렇게 대부분의 사람이 원칙에 엄격하다고 믿게 되면 그 사회는 건강해지고 상호 신뢰도도 높아진다고들 한다. 서로 속고 속이는 사회, 대부분이 원칙을 지키지 않는다고 생각하는 사회에서는 남을 믿을 수가 없지 않을까?

물론 그렇다고 스웨덴에 사기 사건이나 도둑이 없는 것은 아니다. 내가 살던 도시에서도 좀도둑, 자전거 도둑이 있었고 작은 사기를 당하는 경우도 종종 있다고 전해 들었다. 그러나 전반적인 스웨덴 사회는 이런 범죄자들보다 선한 양심을 가진 사람들을 중심으로 돌아가는 것 같다. 한국보다 느슨하게 표 검사를 하는 대중교통처럼 개인의 양심을 믿고 운영되는 공공 시스템, 셀프서비스로 운영되는 음식점과 카페들만 봐도 그런 분위기를 느낄 수 있다. 가만히 관찰해보니 가게에서 음식, 음료를 먹을 때 점원이 요구하지 않아도 알아서 계산을 하고, 지켜보는 사람이 없더라도 리필할 때는 돈을 내는 걸 볼 수 있었다. 어떤 한 친구는 스키장에 갔다가 짐을 보관하는 로커는 없고 사람들이 개방된 공간에 놓인 선반 위에 짐을 두는 것을 보고 놀랐다고 했다. 선반 앞에는 지키는 사람도 없고 CCTV도 없어 당황했다고. 물론 보안 시스템, 로커, CCTV와 경비원의 존재가 우리에게 안도감을 주기도 하지만 한편으로는 사람을 믿지 못해 생기는 추가적인 비용이 아닐까 싶기도 하다.

스웨덴에 살면서 내가 잃어버렸던 물건은 두고 온 자리에 그대로 있었다거나 누군가 그 물건을 경찰서에 맡기는 식으로 결국 모두 돌아왔다. 온종일 시내를 돌아다니다가 새로 산 휴대폰을 어딘가 떨어뜨린 것 같다던 친구는 다음 날 경찰서에서 휴대폰을 찾았다. 공공 화장실에 가방을 두고 나왔던 친구는 몇 시간 후 그 화장실에서 놓아둔 그대로 가방을 찾았다. 남의 물건은 건드리지 않고 대가를 지불하지 않은 공짜 물건을 탐내지 않는 것, 당연한 이야기이지만 때로는 지키기 어려울 때도 있다. 사람들은 사회를 지속 가능하게 유지하기 위해 원칙을 만들고 공유한다. 그런데 많은 사람이 자꾸만 작은 원칙, 중요하지 않은 원칙, 지키지 않아도 되는 원칙을 나누고 따지고 있다. 나 스스로는 그러지 않으려 노력하고 있다. 그리고 이제 '원칙주의자'라는 단어를 부정적인 의미보다 긍정적인 의미로 말해야겠다는 생각이 들었다.

우리 부부는 결혼하고 얼마 지나지 않아 스웨덴으로 떠났다. 한 친구는 내게 신혼여행을 너무 길게 갔다 온 거 아니냐며 농담을 던지기도 했다. 생각해보니 우리 두 사람은 스웨덴 생활을 하는 동안 불과 며칠을 제외하곤 계속 함께했다. 같이 밥을 지어 먹고, 자전거를 타고 돌아다니고, 여행도 같이 가며 대부분의 시간을 함께했다. 소소한 수다부터 사회 현안으로 불꽃 튀는 토론도 하면서 서로를 알아갔다. 어떤 반찬을 좋아하고 싫어하는지, 어떤 말을 듣기 싫어하는지, 카페에 가면 어떤 커피를 고르는지 같은 일상의 것들을. 하나부터 열까지 서로의 취향은 신기할 정도로 정반대였다. 아직도 아내가 뭘 원하는지 몰라 종종 실수할 때가 있다. 하지만 우리는 스웨덴이라는 공간에서 오랜 시간 함께 있으면서 서로가 서로에게 가장 가까운 친구가 되었다. 이젠 몇 날 며칠 동안 붙어 있어도 이상하거나 어색하지 않은 진짜 부부가 됐다.

스웨덴에선 집 주변을 조금만 벗어나면 푸른 자연이 펼쳐졌다. 그런 덕분에 생각이 많아질 때면 근처 숲이나 오솔길로 산책하러 가곤 했다. 잔잔하게 흐르는 개울물과 바람에 흔들리는 풀, 언덕 너머 하늘께로 퍼지는 노을을 보면서 평화로움을 느꼈다. 주변에는 아무도 없고 방해받을 만한 소음도 없어서 한참을 서서 자연을 마주했다. 웅장한 대자연, 감탄을 자아낼 만한 비경과는 거리가 멀었지만 그 풍경을 보고 있으면 걱정과 근심은 눈 녹 듯 사라졌다. 인구 10만 명이 채 안 되는 작은 도시, 곁에 있는 자연, 드문 인적, 원체 말없이 조용한 스웨덴 사람들, 급할 것 없는 분위기가 느껴졌다. 내가 어디에 살고 어디에 있든 스웨덴에서 누렸던 마음의 평화와 고요함, 여유를 마음에 잘 간직하면서 나만의 속도대로 살고 싶다는 생각이 들었다. 더 너그러워지고 더 천천히 생각해 보는 습관도 들이면서 살고 싶었다.

우리 부부는 2년여의 스웨덴 생활을 마치고 올해 봄에 귀국했다. 스웨덴에 처음 갔을 때 적응을 잘할 수 있을지 걱정했던 것처럼 한국으로 다시 돌아 갈 때도 마찬가지였다. 막상 바쁜 일상을 살다 보니 스웨덴에서의 삶이 긴 꿈은 아니었을까 싶을 정도로 생각보다 빨리 적응했다. 직장과 집, 오랜만 에 보는 반가운 친구들과 입맛에 맞는 한국 음식들까지…. 한국에 돌아온 내 주변엔 편하고 익숙한 것들이 하나둘씩 다시 채워졌다.

스웨덴 생활은 한국과 많이 다른 사람들의 생각과 문화, 환경 속에서 살아 가는 것 그 자체였고 우리 부부에게 많은 것들을 남겼다. 많이 배웠다고 말 하기에는 부족한 점이 많지만 스웨덴 생활을 통해 다른 방식과 다른 모습 을 가진 세상도 가능하다는 걸 알았다. 그리고 상식이자 진리라고 여겨왔 던 것들이 전부가 아니라는 걸 깨달았다. 절대적인 것은 없다. 한국과 스 웨덴. 두 나라를 바라볼 땐, 누가 좋고 누가 더 나쁘다는 비교를 할 수는 없 다. 나는 우리나라가 스웨덴처럼 되는 것을 바라지도, 또 그것이 정답이라 고 생각하지도 않는다. 다만 지금보다 사람을 더 귀하게 여기는 사회를 꿈 꿀 뿐이다. 우리 부부가 스웨덴다움을 통해 울림을 느낀 것처럼 독자들에 게도 그 마음이 전해졌으면 하는 마음이다.

헤이 스웨덴

완벽하지 않지만 적당히 행복한 스웨덴 생활기

초판 1쇄 인쇄 2018년 6월 29일
초판 2쇄 발행 2019년 2월 27일

지은이   이성원, 조수영
펴낸이   이준경
편집장   이찬희
편집팀장   이승희
편집   이가람, 김아영
디자인팀장   강혜정
디자인   한은혜, 정미정
마케팅   이영섭
펴낸곳   지콜론북

출판 등록   2011년 1월 6일 제406-2011-000003호
주소   경기도 파주시 문발로 242 파주출판도시 3층 (주)영진미디어
전화   031-955-4955
팩스   031-955-4959

홈페이지   www.gcolon.co.kr
트위터   @g_colon
페이스북   /gcolonbook
인스타그램   @g_colonbook

ISBN 978-89-98656-74-4 03300
값 14,000원

이 도서의 국립중앙도서관 출판시도서목록(CIP)은 서지정보유통지원시스템 홈페이지(http://seoji.nl.go.kr)와
국가자료공동목록시스템(http://www.nl.go.kr/kolisnet)에서 이용하실 수 있습니다. (CIP제어번호 : CIP2018017941)

g지콜론북은 예술과 문화, 일상의 소통을 꿈꾸는 ㈜영진미디어의 출판 브랜드입니다.